AF525809

Kunstausstellungen organisieren

Der große Leitfaden von A bis Z

Erfolgreiche Premieren für die Kunst

Endlich ist es soweit: Alle Kunstwerke haben ihren Platz gefunden, der Sekt ist kalt gestellt, die ersten Gäste treffen ein. Wer eine Ausstellung organisieren möchte, hat sein Ziel von Anfang an klar vor Augen. Wochen- und monatelang wird auf die Vernissage hingearbeitet in der Hoffnung, dass sie zu einem großen Fest wird und viele Gäste, Kunstfreunde und Käufer, Kritiker und Kenner herbeiströmen, die sich gleichermaßen von der Kunst und deren Präsentation begeistert zeigen.

Vernissagen sind ein fester Bestandteil im heutigen Kulturangebot. Als Großveranstaltungen von Museen ziehen sie Massen an und sorgen für Schlagzeilen. Kleinere Kunstausstellungen konkurrieren mit einer Unzahl anderer öffentlicher Veranstaltungen, wenn es um die Gunst von Publikum und Prominenz, Aufmerksamkeit in der Gesellschaft und den Medien geht. Die Ansprüche an die Veranstalter sind in den vergangenen Jahren gewachsen, ohne dass ein wirtschaftlicher Erfolg sicher voraussagbar wäre. So sehen sich Ausstellungsorganisatoren – vom Künstler bis zum freien Kurator, in der Galerie, dem Kunstverein oder Museen, in Unternehmen, öffentlichen Räumen und Messen – vor der Herausforderung, eine gute Show zu bieten, ohne sich dabei finanziell und zeitlich zu verausgaben. Selbst erfahrene Galeristen überprüfen ihre Abläufe und Ausgaben, um Ressourcen zu sparen, ohne ihr Publikum zu enttäuschen.

Vor diesem Hintergrund ist dieser Ratgeber entstanden. Er will Neulingen und Ausstellungsmachern bei der Vorbereitung und Umsetzung ihrer Präsentationen begleiten und unterstützen. Die vielen Tipps wurden aus der Praxis mit Gesprächspartnern entwickelt, die auf eine jahrelange Ausstellungstätigkeit zurückblicken. Auch aus der Ausstellungspraxis der GKS Gesellschaft für Kunstförderung und Sponsoring sind viele Ideen und Tipps eingeflossen. Sie wollen Mut machen, neue Wege zu gehen, Allianzen zu schließen und das Publikum zu überraschen, um es immer wieder für die Kunst zu gewinnen und zu begeistern. Denn der Erfolg einer Ausstellung ist die beste Basis für das nächste Projekt.

Ingo Maas
Geschäftsführer
GKS Fachverlag für den Kunstmarkt

Von der Idee zum Ausstellungskonzept

Von der Idee zum Ausstellungskonzept

Eine Ausstellung kann in Wochen, gar Tagen aus dem Boden gestampft oder über Jahre vorbereitet werden. Wer nach dem zeitlichen Aufwand bis zur Vernissage fragt, kann daher zunächst keine konkrete Antwort erwarten. Denn es ist ein Unterschied, ob ein Galerist mit festen Räumlichkeiten, Künstler- und Kundenstamm sowie Pressekontakten eine kleine Zwischenausstellung realisieren möchte, oder ob ein junger Ausstellungsmacher noch Räume für einen Künstler sucht, der gerade an einem wichtigen Projekt oder Bilderzyklus arbeitet und erstmals eine große Einzelausstellung erhalten soll. So wird jede Ausstellungsorganisation zu einem individuellen Projekt. Planung und Umsetzung greifen jedoch auf dieselben Elemente und Abläufe zurück.

Die Eckdaten jeder Präsentation liegen auf der Hand:

- Ort
- Zeit
- Künstler
- Werke

Damit ist definiert, was wann und wo gezeigt werden soll. Viele junge Ausstellungsmacher und Künstler beginnen ihre Organisation bei diesen Punkten. Mit der Erfahrung drängt sich fast automatisch ein anderer Aspekt in den Vordergrund, die

- Zielsetzung

Was soll mit der Ausstellung erreicht werden und wer soll sie sehen? An dieser Frage orientiert sich die gesamte Organisation.

Die Ziele der Ausstellung definieren

Eine Ausstellung ist mehr als ein zweckfreies Zurschaustellen von Kunstwerken. Die unterschiedlichsten Ziele sind der rote Faden der Ausstellungsorganisation. Ihre Definition steht daher am Anfang jeder Konzeption – und sie sieht bei Künstlern anders aus als in Unternehmen, für Galerien anders als in Kunstvereinen oder Museen.

Die 3 Zielfragen:

- Primäre Ziele: Was möchte ich unmittelbar mit der Ausstellung erreichen? Was möchte ich vermitteln?

- Zielgruppe: Wen möchte ich ansprechen?

- Langfristige/Sekundäre Ziele: Was soll sich längerfristig aus der Ausstellung ergeben?

Zieldefinition am Beispiel eines Künstlers

Die Präsentation eigener Werke, oft verbunden mit dem Wunsch nach Einnahmen aus dem Verkauf, steht für viele Künstler im Vordergrund. Gleichzeitig bietet eine Ausstellung weitere Möglichkeiten, die als Ziele bewusst angegangen und durch eine gute Planung genutzt werden können.

Zur Liste der primären Ziele gehören Anliegen, die mit der Kunst selbst verbunden sind, etwa:

- Entwickeln und Erproben eigenständiger ästhetischer Ausdrucksformen bei der Erstellung der Werke und in der Ausstellungssituation,
- Darstellung und Vermittlung bestimmter Inhalte in der Ausstellung wie die künstlerische Reflexion und Bearbeitung gesellschaftlicher Themen, Entwicklungen oder Tendenzen.

Zum anderen gehören hierzu alle Ziele, die den künstlerischen Werdegang unterstützen:

- Fortführen der künstlerischen Vita
- Einnahmen aus dem Verkauf
- Ausweitung und Steigerung der Bekanntheit
- Anerkennung in der Kunstwelt
- Anerkennung/Vorstellung in den Medien
- Kontaktpflege
- Knüpfen neuer Kontakte etc.

Mit den unterschiedlichen Zielen sind verschiedene Zielgruppen verbunden:

- Kunstfreunde und Sammler
- Kunsthändler und Galeristen
- Museumsleiter und Kuratoren
- Mitarbeiter von Kunstvereinen
- Unternehmen
- (potenzielle) Sponsoren
- Journalisten etc.

Über den Kontakt zu diesen Menschen sowie durch die Gesamtkonzeption der Ausstellung können langfristige Ziele verfolgt werden wie:

- kontinuierliche Präsentation und Fortschreibung des eigenen Werkes,
- Galeriekontakte,
- Aufbau einer Käufer- und Sammlerschaft,
- Ausstellung in renommierten Häusern (Kunstvereine, Museen etc.),
- Gewinnung von Förderern und Sponsoren,
- Positionierung und Aufstieg im Kunstmarkt etc.

Anregungen für andere Veranstalter

In Form einer Tabelle lassen sich die Ziele und die damit verbundenen Personengruppen leicht zusammenstellen. Wer sich dazu Zeit nimmt und eine ausführliche Liste erstellt, legt einen guten Grundstock für die gesamte weitere Arbeit.

Zu den primären Zielen können ganz allgemein gehören:

- Vermittlung von Kunst
- Förderung von Künstlern
- Motivation, Inspiration und Bildung durch die Beschäftigung mit Kunst
- Erzielen von Einnahmen aus Verkäufen von Kunst, Eintrittskarten, Katalogen etc.
- Forschung und Präsentation von Forschungsergebnissen
- Besucher- bzw. Kundenbindung und -gewinnung
- Steigerung der Bekanntheit
- Kooperation mit anderen Marktpartnern
- Kontakt zu anderen Kunstfreunden, Künstlern, Sammlern und Experten aus dem Kunstmarkt
- Pflege von gesellschaftlichen Kontakten etc.

Zu den Zielgruppen gehören verschiedene Personenkreise:

- Kunstfreunde
- Sammler
- Kunstkritiker
- Ausstellungsmacher
- Kunsthändler und Galeristen
- Künstler
- (Kultur-)Politiker
- Unternehmen
- Schulen und Jugendorganisationen
- Geschäftspartner
- (potenzielle) Sponsoren
- Journalisten etc.

So lassen sich auch langfristige Ziele schrittweise erreichen, etwa:

- Steigerung des Ansehens
- Ausbau der Kontakte
- Sicherung von Etats, Einkünften etc.
- Gewinnung von Förderern und Sponsoren
- Aufstieg im Kunstmarkt etc.

Die Vorteile der Zieldefinition

Die definierten Ziele sind die wichtigste Entscheidungshilfe bei der gesamten Ausstellungsorganisation. Wer weiß, wen er mit einer Ausstellung erreichen möchte, kann frühzeitig beginnen, seinen Adressverteiler auf- und auszubauen. Anhand der Ziele lässt sich schnell prüfen, ob ausgewählte Orte, Kooperationspartner etc. dem gesetzten Anspruch entsprechen. Schließlich wird auch deutlich, welcher Aufwand (Kosten und Zeiteinsatz) für das gewünschte Ziel angemessen ist.

Auswahl des Ausstellungsortes

Es gibt Räume, die unmittelbar mit dem Thema Kunst verbunden sind – wie Galerien, Kunstmuseen, Ausstellungshallen, Ateliers und Kunstvereine – und solche, die zunächst frei von einem unmittelbaren Kunstbezug sind – wie der öffentliche Raum, Unternehmen und Produktionsstätten, Verkaufsräume, Kirchen und andere öffentliche Gebäude. Viele Ausstellungsmacher verfügen über

PLANER

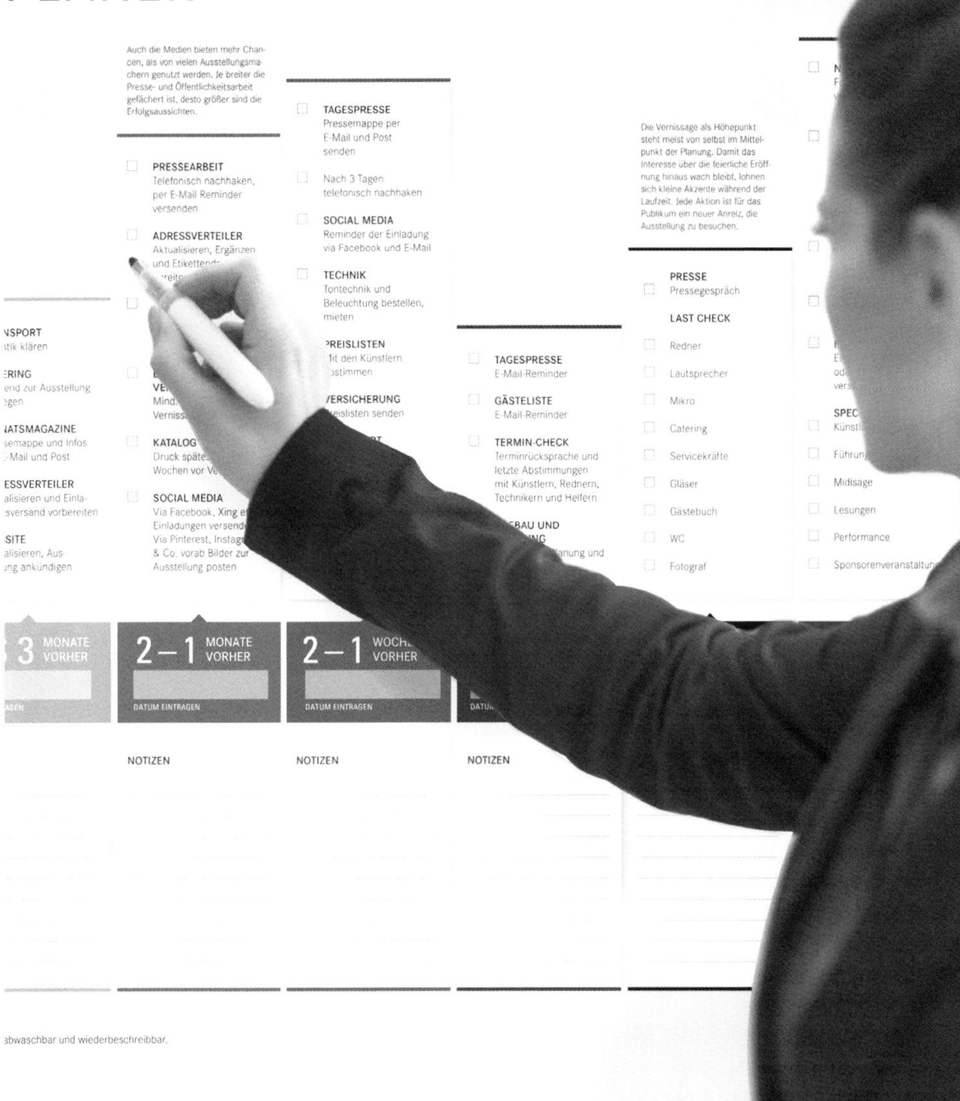

Um den Überblick in der Vorbereitungsphase nicht zu verlieren, ist es wichtig, alle wesentlichen Punkte zu notieren und in eine chronologische Reihenfolge zu bringen. So hat man immer im Blick, was noch zu erledigen ist. Dabei sollte man auch zeitliche Puffer einplanen. Sollte dann mal etwas schief gehen oder nicht so laufen wie geplant, kann man ohne Zeitnot eine alternative Lösung suchen – das schont die Nerven.

eigene Räumlichkeiten wie Museen und Ausstellungshallen, Kunstvereine und Galerien. Wenn sie neue Besucherkreise ansprechen möchten oder es sich inhaltlich für ein bestimmtes Projekt anbietet, nutzen jedoch auch sie hin und wieder „art-"fremde Orte für Präsentationen. Künstler hingegen sind oft auf externe Orte angewiesen, insbesondere, wenn die Präsentation über einen „Tag des offenen Ateliers" hinausgehen soll.

Räume mit Kunstbezug verfügen über die nötige Ausstattung für die Präsentation der Kunstwerke und sind in Kunstkreisen bekannt.

Vorteile von Räumen mit Kunstbezug (Galerie- und Ausstellungsräume etc.):

- sie verfügen oft über die nötige Ausstattung für die Präsentation von Kunstwerken,
- sie sind in der Kunstszene bekannt,
- sie haben ein bestimmtes Image, das
- vielen bekannt ist und sich positiv auf die gezeigten Ausstellungen übertragen kann.

Nachteile von klassischen Ausstellungsräumen:

- die Räume stehen nicht jedermann zur Verfügung,
- werden sie vermietet, ergibt sich durch die langfristige Planung in der Regel eine große Vorlaufzeit,
- es sind Auflagen bei der Gestaltung der Ausstellung zu beachten.

Vorteile nicht kunstbezogener Räume

- es finden sich meist kurzfristig Ausstellungsmöglichkeiten,
- die Art der Räume kann passend zu einem Kunstprojekt ausgesucht und oft auch gestaltet werden,
- durch ungewöhnliche Orte kann eine besondere Aufmerksamkeit erzeugt werden,
- allgemein bekannte Gebäude sind auch in Kunstkreisen nicht fremd und können zudem ein zusätzliches Laufpublikum anlocken.

In Räumlichkeiten ohne Kunstbezug ist der Aufwand für die Vorbereitung (optimale Beleuchtung, Vorrichtung für die Hängung etc.) höher, es ist jedoch leichter, einen Termin zu bekommen.

Nachteile kunstfremder Räume:

- die klassische Ausstattung und Infrastruktur von Ausstellungsräumen fehlt,
- private Räumlichkeiten sind nicht allgemein bekannt; eine Wegbeschreibung mit Skizze auf den Einladungen kann dies ausgleichen,
- die Nutzungserlaubnis und Eignung für Ausstellungen muss geprüft werden.

Ausstattung von Ausstellungsräumen

Der klassische Ausstellungsraum verfügt über

- Galerieschienen, meist mit integriertem
- Beleuchtungssystem,
- Sitzmöglichkeit,
- ggf. eine Leseecke mit
- Katalogen und Informationen zur aktuellen Ausstellung und den Künstlern sowie Fachliteratur und Zeitschriften.

Für Objekte kommen

- Vitrinen,
- Sockel und vergleichbare Präsentationshilfen zum Einsatz.

Für die Vernissage empfiehlt sich zusätzlich

- eine Beschallungsanlage, damit die Eröffnungsrede nicht im Gemurmel der Gäste untergeht und Musik bei allen gut ankommt; hierzu sind entsprechende Stromanschlüsse erforderlich;
- zumindest ein Tisch für das Catering bzw. zum Abstellen von Gläsern,
- eine ausreichend große Garderobe (vorallem in kühlerer Jahreszeit) samt Schirmständer,
- möglichst ein zweiter Raum als Lager sowie für die Garderobe, das Vorbereiten der Bewirtung etc.

Zur Grundausstattung im Hintergrund gehören:

- gepflegte sanitäre Anlagen
- Parkplätze
- ggf. ein kleines Büro mit Computerarbeitsplatz
- Abstell- und Lagermöglichkeiten

Es ist wichtig, das ausreichende und trockene Lagermöglichkeiten vorhanden sind.

Wer fremde Räume erstmals bespielt, sollte sich einen Lageplan geben lassen oder selbst eine Skizze erstellen und die Raummaße sowie die Größen der Zugänge (etwa für großformatige Arbeiten) eintragen. Wichtig sind auch die Größe der Fensterflächen sowie Spiegelungen, die durch einfallendes Licht zu unterschiedlichen Tageszeiten hervorgerufen werden. Dies gilt besonders bei Fenstern gegenüber einer Ausstellungswand. Hier kann das Licht durch halbtransparente, glatte, unifarbene Vorhänge gedämpft werden. Entspiegeltes Glas ist eine weitere Alternative, wobei die Kosten für die Spezialgläser deutlich über den Preisen für Normalglas liegen und sich die Investition für längerfristige Präsentationen oder sehr hochwertige Werke lohnt.

Ist die Spiegelung zu stark oder reichen die Hängeflächen nicht aus, so können Fenster durch Stellwände verdeckt werden. Dabei ist die Gesamtbeleuchtungssituation zu berücksichtigen: Wenn vorhandene Lampen nicht genügend Licht spenden, können zusätzliche Strahler ausgeliehen und temporär für die Ausstellung installiert werden.

Ausstellungsräume organisieren

Wer nicht über eigene Ausstellungsräume verfügt oder gezielt einen fremden Ort nutzen möchte, kann zunächst prüfen, ob eine Kooperation möglich ist. Welche Institution dazu in Frage kommt, hängt vom Konzept und dem Zeitrahmen ab. Museen und Ausstellungshallen planen meist mit einem Vorlauf von Jahren. Auch Kunstvereine müssen immer früher ihre Termine festlegen, um Fördermittel zu beantragen, Bewerbungen guter Künstler zu erhalten oder eine erfolgreiche Presse- und Öffentlichkeitsarbeit zu betreiben. Entsprechend früh muss eine Kooperation angefragt werden.

Oft bieten Unternehmen, Banken und Büros bzw. Kanzleien von Freiberuflern ihre Räume an, um dort Werke von Künst-lern zu präsentieren. Hier ist zu prüfen, ob mit diesem Angebot die eigenen Ziele und die gewünschten Zielgruppen tatsächlich erreicht werden können. Wenn es eine Tradition guter, ambitionierter Kunstpräsentationen gibt, ist ein Imagegewinn durch eine Kooperation

TIPP

Sonderschau in leeren Büro- und Verkaufsräumen

Für eine temporäre Ausstellung in Top-Lagen können zum Teil Ladenlokale oder Büroflächen gemietet werden, die nach einer Geschäftsaufgabe für **kurze Zeit leer stehen**, bevor der nächste Mieter einzieht. Oft können Gewerbevereine oder die Stadtverwaltung entsprechende Kontakte vermitteln. Wichtig für den Erfolg ist eine **gute Lauflage** oder ein Konzept, das **Aufmerksamkeit und eine starke Medienresonanz** erzeugt. Auf dieser Basis entwickelte sich beispielsweise der Kunstsupermarkt: Jeweils in den Wochen vor Weihnachten wurden in wechselnden Städten Verkaufsräume ausschließlich in besten Lauflagen gemietet und beworben. Zielsetzung dieser Verkaufsausstellung: in möglichst kurzer Zeit **viele Originalkunstwerke zu niedrigen, standardisierten Preisen verkaufen.** Zielgruppen waren sowohl Kunstfreunde als auch Laien ohne Galerie- oder Kunsterfahrung.

möglich. Fehlt ein solcher Hintergrund, ist Vorsicht geboten.

Wer auf dem freien Markt Räume für die Einrichtung einer Galerie oder eines Ausstellungsraumes sucht, dem bietet der gewerbliche Mietspiegel in vielen Städten Anhaltspunkte zu den Preisen und den bevorzugten Lagen. Eine einheitliche Definition der Lagen gibt es nicht, doch die Bewertung mit 1A, 1B, 2 usw. gibt Auskunft über die Erreichbarkeit, die Frequenz potenzieller Kunden, die Anbindung an den Nahverkehr und die Parkplatzsituation. Die Industrie- und Handelskammern können häufig ebenfalls eine Einschätzung verschiedener Adressen geben.

Mit dem Vermieter ist zu klären, ob die erforderlichen Einbauten – wie Galerieschienen und Beleuchtung – genehmigt werden und möglich sind. Ein Elektriker kann prüfen, ob die vorhandenen Installationen für den geplanten Ausbau ausreichen.

TIPP

Die Gruppenschau interessanter machen

Viele Namen und kein gemeinsames Konzept – wenn lediglich die Zugehörigkeit zu einer Künstlergruppe oder zu den Künstlern einer Galerie das formal verbindende Element einer Gruppenausstellung ist, wird die Öffentlichkeitsarbeit schwierig. Für die Berichterstattung in den Medien gibt es keinen klaren Aufhänger, und die Vielzahl der Künstlernamen lässt sich Lesern, Hörern oder Zuschauern nur schwer vermitteln. Es lohnt sich daher, selbst einen **roten Faden für die Präsentation** zu entwickeln. So kann eine Gruppenausstellung als Jahresrückblick konzipiert werden, wobei inhaltlich auf die Höhepunkte aus dem Schaffen einzelner Künstler oder der Ausstellungstätigkeit verwiesen wird. Es kann alternativ auch der größte gemeinsame Nenner gesucht werden, etwa figurative Kunst, Malerei oder abstrakte Positionen der Gegenwart. Besonders empfehlenswert ist jedoch ein inhaltlicher Schwerpunkt, der auch im Titel der Ausstellung zum Tragen kommt. Dies setzt häufig voraus, dass die beteiligten Künstler zu dem gewählten Thema und speziell für diese Ausstellung eigens Werke geschaffen haben.

Den richtigen Zeitpunkt wählen

Die Veranstaltungskalender sind ab dem Frühling meist gefüllt mit einem vielseitigen Angebot, das sich gegenseitig Konkurrenz macht. Nur in der Ferienzeit wird es ruhiger, doch dann sind viele Menschen in Urlaub – nicht nur Familien mit Kindern. Der Herbst geht unmittelbar in die Vorweihnachtszeit über – wann also sollte man seine Ausstellung planen?

In Ferienzeiten sind viele Veranstalter zurückhaltend, weil zu viele Menschen schlicht nicht erreichbar sind. Dies gilt auch für Feier- und Brückentage, die oft für einen Kurzausflug genutzt werden. Diese Termine lassen sich per Kalender schnell ausschließen. Die nächste Prüfung betrifft Großereignisse in der Region oder bundesweit. Während einer Fußballmeisterschaft fiebern viele Fans lieber vor dem Fernseher, und bei der Eröffnung eines großen Stadtfestes sind die Honoratioren bereits vergeben. Viele Termine stehen langfristig fest und können über das Internet, die Stadtverwaltung, die Touristik-Information, das Stadtmarketing und ähnliche Stellen recherchiert oder erfragt werden.

Wer Monate oder Jahre im Voraus eine große Ausstellung plant, hat die Möglichkeit, ein Zeitfenster für die Ausstellung einzuplanen. Der genaue Eröffnungstermin kann später geklärt werden, um so die Kollision mit wichtigen Parallelveranstaltungen zu umgehen.

Klassische Vernissagetermine sind im Übrigen freitags um 19 Uhr, samstags um 15, 17 oder 19 Uhr sowie sonntags um 11 Uhr.

Ein umfangreiches Künstlerarchiv erleichtert die richtige Auswahl der Künstler und Exponate.

Die Auswahl der Künstler und Werke

Wenn es um die Wahl der Künstler für eine Ausstellung geht, stellt sich zunächst die Frage, ob eine Einzel- oder Gruppenausstellung realisiert werden soll. Bei Gruppenausstellungen mit vorgegebenen Teilnehmern entsteht häufig der klassische Rundumschlag „Künstler der Galerie“ oder „Künstler des Atelierhauses“, da sie thematisch nicht auf einen Nenner zu bringen sind. Diesen Ausstellungen fehlt nicht selten das Besondere, und sie wirken wie ein Lückenfüller in einem ansonsten auf Einzelpositionen konzentrierten Szeneangebot.

Mit Themenausstellungen Aufmerksamkeit gewinnen

Eine stärkere Resonanz finden gut gemachte Themenausstellungen. Sie funktionieren in der Regel nur, wenn die Gruppenausstellungen als freie, temporäre Kooperation entstehen, als Kunst-

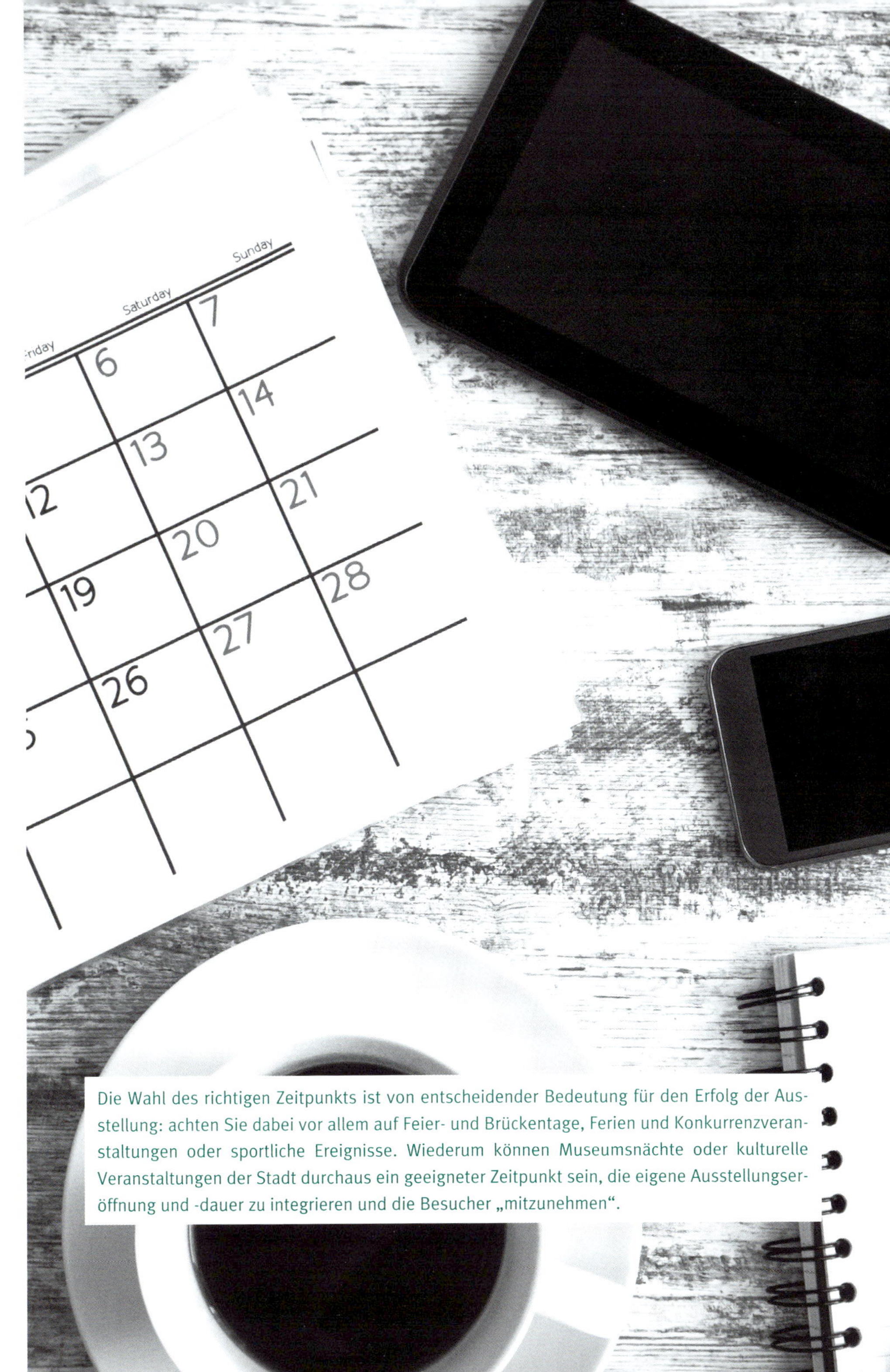

Die Wahl des richtigen Zeitpunkts ist von entscheidender Bedeutung für den Erfolg der Ausstellung: achten Sie dabei vor allem auf Feier- und Brückentage, Ferien und Konkurrenzveranstaltungen oder sportliche Ereignisse. Wiederum können Museumsnächte oder kulturelle Veranstaltungen der Stadt durchaus ein geeigneter Zeitpunkt sein, die eigene Ausstellungseröffnung und -dauer zu integrieren und die Besucher „mitzunehmen“.

wettbewerb ausgeschrieben werden oder wenn ein großes Thema gewählt wird wie „Der Mensch". In Einzelfällen kann sich auch aus dem Schaffen selbst ein gemeinsames Thema ergeben, allerdings wird dann die Teilnehmerzahl meist klein sein.
Die Herausforderung von Gruppenausstellungen liegt in der Öffentlichkeitsarbeit, da nicht mit einem einzelnen Namen geworben werden kann. Themenausstellungen bieten den Vorteil, dass sie durch ein Rahmenprogramm unterstützt werden können, das das Thema in anderen Kunststilen oder -sparten aufgreift.

Vorteil einer Gruppenausstellung ist es, dass jüngere Künstler über sie in die Kunstszene eingeführt und im Markt getestet werden können. Entscheidend ist, dass sie in das Konzept und von ihrem erwarteten Potenzial her möglichst gut in die Gruppe passen.

Einzelausstellungen zum richtigen Zeitpunkt

Einzelausstellungen sind der Traum jedes Künstlers: Die ungeteilte Aufmerksamkeit gehört dem eigenen Werk. Entwicklungen und Zyklen können ebenso präsentiert werden wie ein Rückblick auf das gesamte Schaffen in Form einer Retrospektive.

Für eine Einzelausstellung muss sichergestellt sein, dass ausreichend viele Werke von gutem künstlerischen Niveau zur Verfügung stehen. Je nach Format und Größe der Ausstellungsfläche sind 20 bis 30 Arbeiten das Minimum. Für die Presse- und Öffentlichkeitsarbeit ist es sinnvoll, eine Einzelausstellung als Abschluss eines Projektes oder einer Schaffensserie zu konzipieren. Plant ein Künstler mehrere Verkaufsausstellungen innerhalb kurzer Zeit, so muss auch bei gutem Abverkauf die weitere Bestückung der nächsten Präsentationen gesichert sein. Ansonsten muss ein Rücktritt von einem Ausstellungsvorhaben als mögliches Risiko einkalkuliert werden.

Erstellen Sie ein detailiertes Exposé für die geplante Ausstellung.

Alle Daten im Exposé zusammenfassen

Zu den ersten Schritten der Ausstellungsvorbereitung gehört ein Exposé. Es wird zunächst als Datenblatt zur Ausstellung angelegt und kann immer weiter ergänzt, aktualisiert und für verschiedene Ansprechpartner neu zusammengestellt werden.

Zum Exposé gehören:

- Titel der Ausstellung (ggf. mit vorläufigem Arbeitstitel beginnen)
- Kurzbeschreibung der Ausstellung
- präsentierte Künstler/innen mit biografischen Daten
- Art der Werke mit Abbildungsbeispielen,
- Ausstellungsort, ggf. mit Referenzinformationen
- Laufzeit
- Eröffnungstermin
- Schirmherrschaften
- Eröffnungsredner
- Förderer
- Rahmenprogramm
- Finanzierung (nur für den internen Gebrauch oder für Bewerbungen, bei denen diese Daten offengelegt werden müssen)
- Pressearbeit
- Öffentlichkeitsarbeit
- ein Terminplan für die Umsetzung.

Sinnvoll ist die Anlage einer Datensammlung im PC oder in einem Ordner, mit allen

- Ansprechpartnern und ihren Kontaktdaten (Adresse, Telefon, Fax, E-Mail,
- Handy, Website),

- Informationen zu den Künstlern mit Biografie, Bilddaten von Werken, Kontaktdaten etc.,

- Vereinbarungen und Verträgen.

Bewerbungsunterlagen der Künstler sichten.

Ein ausgearbeitetes Exposé ist Voraussetzung für jede Bewerbung, für die Gewinnung von Sponsoren und Förderern und auch für eine gute Presse- und Öffentlichkeitsarbeit. Wer Prominente als Redner oder Schirmherren ansprechen möchte, hinterlässt mit einem Exposé ebenfalls einen guten Eindruck und hat bessere Aussichten auf eine Zusage.

Die Finanzierung in den Griff bekommen

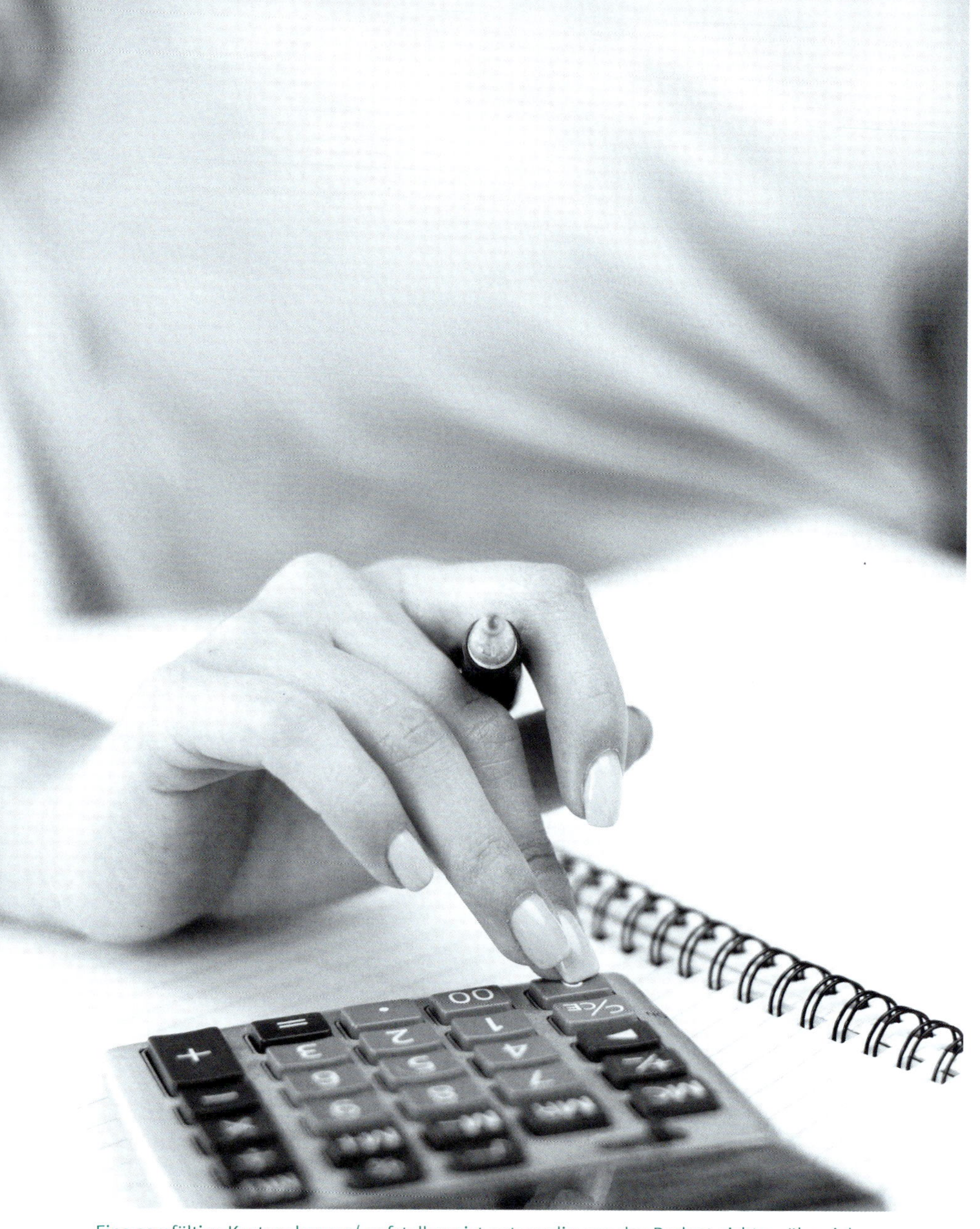

Eine sorgfältige Kostenplanung/-aufstellung ist notwendig, um das Budget nicht zu überziehen. Nutzen Sie hierfür die Checkliste „Kostenplan“ (auf der Rückseite das Ausstellungsplanes in diesem Ratgeber). Dabei sollte man ruhig ein kleines „Notfall-Budget“ mit einplanen. Wer zu sehr mit dem „spitzen“ Stift kalkuliert, könnte sich am Schluss ärgern.

Die Finanzierung in den Griff bekommen

Ein wesentlicher Faktor der Ausstellungsorganisation sind die Kosten. Denn ohne nennenswerte Ausgaben ließe sich höchstens eine Mini-Vernissage im privaten Kreis als Mitbringparty feiern. Die Gefahr bei der Kostenplanung besteht darin, eine der vielen Positionen zu übersehen und dadurch den selbst gesetzten Rahmen zu sprengen.

Grundsätzlich gibt es zwei Möglichkeiten für den Planungsansatz:

1. Man legt ein festes Budget fest und prüft, was damit realisierbar ist.
2. Es wird eine Liste der gewünschten Positionen und der dafür erforderlichen Mittel erstellt, um daraus das erforderliche Budget zu errechnen.

Die Praxis liegt in der Mitte: Die Wunschliste wird erstellt und dann mit den finanziellen Möglichkeiten abgeglichen, um durch die eine oder andere Streichung oder alternative Idee sowie über zusätzliche Geldquellen zu einer ausgeglichenen Planung zu kommen.

Die Ausgaben sicher kalkulieren

Wer seine Ausgaben planen möchte, sollte alle Vorbereitungsschritte bis zur Vernissage, den Ablauf der Ausstellung und den Abschluss bis zur Endabrechnung minutiös im Kopf durchspielen. Das folgende Beispiel gilt als Richtschnur für die eigenen Überlegungen.

Start- und Kontaktphase:
Die ersten Kontakte für die Ausstellung werden geknüpft, Künstler kontaktiert, ggf. Räume besichtigt. Es entstehen Fahrt- und Kommunikationskosten:

- Fahrten zu Künstlern, möglichen Ausstellungsräumen und anderen Ansprechpartnern (etwa potenzielle Schirmherren, Redner, Pressekontakte, Kulturamt etc.). Zur Vereinfachung können alle voraussichtlichen Fahrten zu wichtigen Kontaktpersonen hier zu-sammengefasst werden. Wer noch nicht über ein gutes Netzwerk im Umfeld der geplanten Ausstellung verfügt, sollte frühzeitig beginnen, andere Kulturveranstaltungen zu besuchen, um Kontakte zu knüpfen und Gepflogenheiten kennenzulernen. Auch diese Kosten – selbst wenn sie später nicht oder nur teilweise absetzbar sein sollten – müssen berücksichtigt werden.

- Präsentationskosten. Sobald eine Ausstellungsidee vorgestellt werden soll, ist es sinnvoll, Informationsmaterial zusammenzustellen und zu allen Terminen mitzunehmen. Hierzu fallen erste Präsentationskosten für Ausdrucke, Mappen, Fotoabzüge etc. an.

- Telefonkosten. Auch wenn eine Flatrate genutzt werden kann, fallen meist zusätzliche Kosten durch Mobilfunk an.

- Versandkosten. Soweit Informationen nicht per Mail über eine vorhandene Flatrate übermittelt werden können, kommen Versandkosten inkl. Ausgaben für Verpackung hinzu.

- Bewerbungskosten. Sollen Fördermittel beantragt werden, kommen entsprechende Kosten für das Bewerbungsmaterial inkl. Porto und ggf. Fahrtkosten hinzu.

Raummiete und Renovierungskosten:

Können keine eigenen Räume für die Ausstellung genutzt werden, so fällt die Miete samt Nebenkosten an. Aber auch vorhandene Räume müssen für die Ausstellung hergerichtet werden. Dadurch fallen kleinere Beträge an, die aber nicht vernachlässigt werden sollten:

- Miete von Räumlichkeiten,
- Nebenkosten aus den Betriebskosten wie Strom, Heizung, Wasser etc.,
- Reinigungskosten vor der Eröffnung, nach der Vernissage, während der Laufzeit und nach Abschluss der Ausstellung. Bei Räumen mit Teppichboden empfiehlt sich eine professionelle Reinigung durch ein Reinigungsunternehmen.
- Renovierungskosten vor und nach der Ausstellung; insbesondere sollte frühzeitig geprüft werden, ob die Wände sauber sind und ob Hängevorrichtungen vorhanden sind oder ergänzt werden müssen.

TIPP

Termine schriftlich vereinbaren

Es ist für alle Seiten hilfreich, wenn Künstler **frühzeitig verbindliche Termine** dafür erhalten, wann sie ihre Werke bringen und wann diese abgeholt oder zurückgebracht werden. An die **schriftliche Vereinbarung** sollte kurz vor der Ausstellung nochmals erinnert und die **genaue Uhrzeit** besprochen werden.

Lagerkosten

Wann treffen die Werke vor der Ausstellung ein, lautet eine andere Frage für die Kostenkalkulation. Während mit einem einzelnen Künstler meist eine kurzfristige Anlieferung vor der Ausstellung vereinbart werden kann, erfordert eine Gruppenausstellung ggf. einen längeren Vor- und Nachlauf für den An- und Abtransport. Stehen keine geeigneten Räumlichkeiten für eine Zwischenlagerung zur Verfügung, muss eine Lösung gefunden und mit kalkuliert werden. Wichtig ist, dass Lagerräume trocken und normal temperiert sind.

Transport

Häufig wird mit Künstlern die Vereinbarung getroffen, dass die Transportwege geteilt werden – der Künstler übernimmt die Lieferung, der Aussteller den Rücktransport. Doch eine feste Regel gibt es nicht. Daher sollte dieser Punkt frühzeitig geklärt und verbindlich vereinbart werden. Die Vereinbarung über den Transport bestimmt auch die Kosten. Muss eine Kunstspedition beauftragt werden, weil es sich um besonders wertvolle oder empfindliche Objekte handelt? Sind die Kunstwerke besonders groß, sodass sie nicht mit einem Kombi oder Kleintransporter angeliefert werden können? Müssen Transportfahrzeuge geliehen oder gemietet werden? Wie viele Hilfskräfte sind erforderlich? Wichtig ist auch, wie gut die Ausstellungsräume erreichbar sind. All diese Fragen sollten geklärt sein, bevor man Angebote für Fremdleistungen einholt. So erspart man sich häufiges Nachkalkulieren.

Versicherung

Sowohl der Transport der Werke als auch die Präsentation in der Ausstellung sollten versichert sein. Bevor Angebote

TIPP

Vorteile gegenüber Konkurrenzpolicen erfragen

Es ist durchaus legitim, einen Versicherungsvertreter zu fragen, welche **Vorteile seine Police** gegenüber denen der Konkurrenz aufweist. So erfährt man oft mehr über **Schwachstellen in Verträgen** als durch ein reines Informationsgespräch über die angebotene Versicherung. Die Rückfrage beim anderen Anbieter liefert neue Einsichten in die Vertragswerke, sodass letztlich das **passendere Angebot** ausgewählt werden kann.

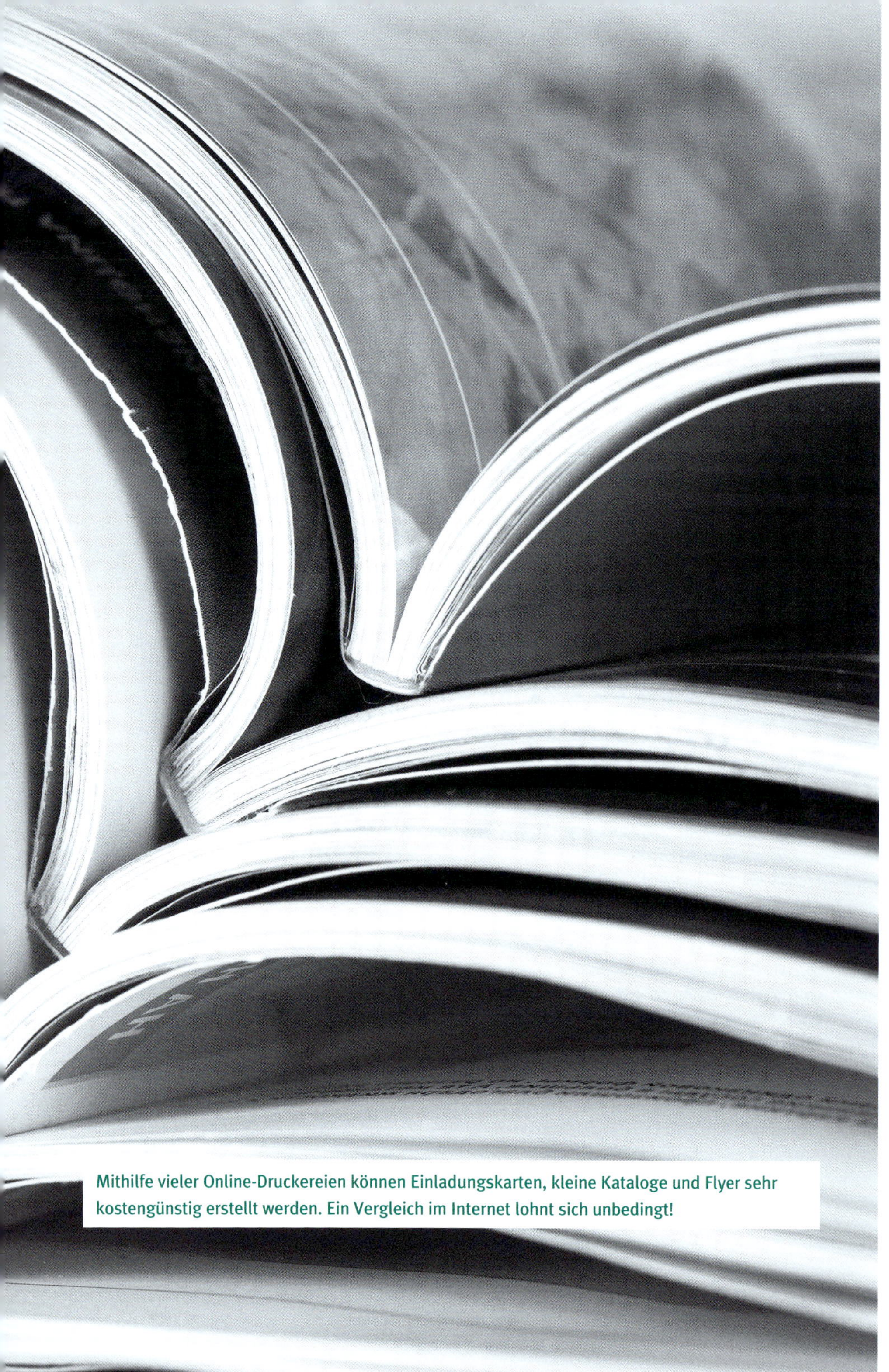

Mithilfe vieler Online-Druckereien können Einladungskarten, kleine Kataloge und Flyer sehr kostengünstig erstellt werden. Ein Vergleich im Internet lohnt sich unbedingt!

eingeholt werden, wird geprüft, welcher Versicherungsschutz bereits besteht. Viele Galerien und auch manche Künstler verfügen über eine Kunstversicherung. Durch Ausstellungen können jedoch der Gesamtbetrag der versicherten Werte überschritten werden oder andere Umstände zu einem Ausschluss führen. Daher müssen die Konditionen genau geprüft und mit dem Bedarf für die Ausstellung abgeglichen werden. Von den Künstlern werden dazu nicht nur Angaben über die Anzahl der Werke benötigt, über Formate, Technik und ggf. Besonderheiten, die eine besondere Gefährdung mit sich bringen, sondern auch zumindest eine ungefähre Preisliste. Erst mit diesen Daten können vergleichbare Angebote von Versicherungen eingeholt werden.

Wichtig sind auch die Leistungsbedingungen und Ausschlüsse: Wird beispielsweise eine bestimmte Art der Verpackung für einen Transport vorgeschrieben? Dürfen die Kunstwerke vom Künstler angeliefert werden oder muss eine Spedition diese Arbeit übernehmen? Ist ein Versicherungsschutz gegen Diebstahl, Vandalismus oder eine Beschädigung durch Besucher enthalten?

Fotografieren Sie die Arbeiten der Künstler für die Darstellung im Katalog/Flyer.

Produktionskosten für Einladungen, Werbung, Pressearbeit und Kataloge

Wenn es um die gesamten Werbe- und Darstellungsmittel rund um eine Ausstellung geht, werden oft die reinen Druckkosten kalkuliert. Doch in der Regel reicht das nicht aus.

Fotos müssen gemacht werden, soweit Aufnahmen nicht in ausreichender Auflösung und Bildqualität vorhanden sind, Texte müssen erstellt werden, und alles in Layouts attraktiv kombiniert und für den Druck vorbereitet werden. So entstehen für ein gutes Ergebnis folgende Kosten:

- Fotograf,
- Texter,
- Layouter,
- Druck und Verarbeitung,
- Versand.

Der Auftraggeber sollte sich von den kreativen Dienstleistern bereits mit der Auftragsvergabe und Honorarvereinbarung alle erforderlichen Rechte an den Fotos, Texten und der Gestaltung einräumen lassen. Wird beispielsweise ein Text für eine Einladungskarte bestellt, sollte gleich mit vereinbart werden, dass dieser Text auch ins Internet gestellt, für die Pressearbeit genutzt oder als Mail verschickt werden und ggf. dazu aktualisiert und umformuliert werden darf. Grundsätzlich gilt: Je mehr Rechte eingeräumt werden, desto höher ist das Honorar – auch wenn es sich um ein und dasselbe Foto oder um denselben Text handelt. Wer gleich einen Paketpreis aushandelt ,kommt meist günstiger weg, als wenn Rechte nachgeordert werden müssen.

Für die Katalogproduktion hat der Digitaldruck viele Vorteile mit sich gebracht, sodass bereits der Druck von Auflagen ab einem Stück finanzierbar ist. Auch hier sollte man sich nicht von den reinen Druckkosten leiten lassen, sondern prüfen, ob man die Druckvorstufe inkl. Schreiben und Layout selbst übernehmen kann oder Unterstützung einkaufen muss.

Schließlich müssen noch Einladungskarten gedruckt, Pressemitteilungen verfasst, ein Pressespiegel erstellt, Preislisten und ggf. Beschriftungen produziert werden. Plakate als Hinweis sind sinnvoll – wer sie öffentlich aushängen will, muss hierfür zusätzliche Kosten einplanen. Und schließlich muss alles noch zu den passenden Interessenten gebracht werden – per Post, E-Mail oder persönlich (Fahrtkosten).

Webauftritt

Eine Präsenz einer Ausstellung im Internet gehört heute zum guten Ton. Wer Kosten sparen möchte, kann den eigenen Ausstellungstermin über andere Institutionen und Veranstaltungskalender ankündigen. Kulturserver und Touristik-Informationen, regionale Online-Magazine etc. benötigen regelmäßig aktuelle Inhalte, damit ihre Seiten ohne große redaktionelle Kosten attraktiv bleiben. Wer frühzeitig recherchiert, kann eine Ausstellung über solche Foren kostengünstig ankündigen. Kalkuliert werden müssen ggf. Kosten für Rechte an Texten oder Bildern.

Professionelle Ausstellungshäuser verfügen meist über eine eigene Website, auf der die aktuellen Veranstaltungen angekündigt und besprochen werden. Auch hier sind die Rechte für Text- und Bildmaterial vor der Veröffentlichung zu klären.

Bei großen Ausstellungsprojekten kann eine eigene Website sinnvoll sein, insbesondere dann, wenn Sponsorengelder in entsprechender Höhe akquiriert werden. Angebote von mehreren Dienstleistern erleichtern die Kalkulation. Bei temporären Projekten sollte bereits vor der Auftragsvergabe geklärt werden, ob bzw. in welcher Form der Auftraggeber die Inhalte der Website nach deren Abschaltung für sein Archiv und weitere Werbezwecke erhält.

Ein Werbebanner an den Ausstellungsräumen erhöht die Aufmerksamkeit.

Präsentationsmittel

Die Kunstwerke wollen ansprechend präsentiert werden. Wie dies möglich ist, hängt vom Ausstellungsort ab. Oftmals darf nicht genagelt werden, sodass beispielsweise in Räumen ohne Galerieschienen mit Stellwänden gearbeitet werden muss. Für Objekte sind Sockel oder Podeste erforderlich. Videokunst und Installationen benötigen andere Präsentationsmittel als gerahmte Grafik. Künstler können dazu verpflichtet werden, ihre Arbeiten hängefertig anzuliefern, wobei die gewünschte Ausführung von „hängefertig" genau und detailliert vereinbart werden sollte. Andernfalls fallen ggf. Rahmungskosten oder Kosten für die Anpassung von Hängevorrichtungen an.

Angemessene Lichtverhältnisse sind ebenso wichtig wie eine spiegelfreie Betrachtung von gerahmten Werken. Bei der Kostenplanung der Präsentationsmittel sollte man gleichzeitig prüfen, ob die Arbeiten alleine ausgeführt werden können oder Hilfe erforderlich ist. Honorare werden separat notiert.

Hilfskräfte und andere Honorare

Als Aussteller sollte man Zeit für seine Gäste haben, sie persönlich begrüßen können und sich nicht von der Bewirtung, der Garderobe, dem Katalogverkauf oder anderen Servicefragen ablenken lassen. Kurz: Hilfspersonal ist auf jeden Fall während der Vernissage erforderlich. Bereits vorher können Helfer benötigt werden, etwa bei der Hängung der Arbeiten, beim Aufstellen schwerer Plastiken, dem Aufbau von Installationen etc. Auch Wachpersonal während der Laufzeit und Unterstützung beim Abbau können zusätzliche finanzielle Mittel erfordern. Ein Stundensatz um 10 Euro netto ist realistisch. Viele Aufgaben können als Studentenjobs vergeben werden.

Wenn Künstler bei der Hängung ihrer Werke behilflich sind, haben sie ebenfalls Anspruch auf eine Aufwandsentschädigung. Honorare, die an Künstler und Kreative (freiberufliche Texter, Fotografen sowie kleine Werbeagenturen, die nicht als GmbH oder AG geführt werden) gezahlt werden, sind KSK-pflichtig. Es muss ein Aufschlag von rund 4,5 Prozent kalkuliert werden. Die jährlich neu festgeschriebenen Sätze sind der Website der Künstlersozialkasse (www. kuenstlersozialkasse.de) zu entnehmen.

Eine gute und unterhaltsame Eröffnungsrede erhöht die Neugier auf die präsentierte Kunst.

Weitere Honorare sind an Redner und Musiker zu zahlen, die für die Vernissage engagiert werden, sowie an einen Fotografen, der die Ausstellung dokumentiert und möglichst auch Pressefotos und Aufnahmen für die Internetpräsentation liefert. Hier ist ggf. ebenfalls die KSK-Abgabe einzukalkulieren.

Keine Vernissage ohne Bewirtung, denn eine Ausstellungseröffnung ist ein Fest der Kunst.

Bewirtung

Keine Vernissage ohne Bewirtung, denn eine Ausstellungseröffnung ist ein Fest der Kunst, das mit den Besuchern gefeiert wird. Neben Sekt, Mineralwasser und anderen alkoholfreien Getränken sowie Finger Food sollte auch das Equipment berücksichtigt werden: Gläser und Servietten, ggf. Teller, Tabletts, etc.

Wer nur selten viele Gäste bei Veranstaltungen bewirtet, kann auf Leihfirmen zurückgreifen. Dort sollten frühzeitig Angebote eingeholt werden. Die Kalkulation richtet sich nach der Zahl der zu erwartenden Anzahl der Gäste. Als Grundsatz gilt: man kann mit circa 20 Prozent der versendeten Einladungen als tatsächlich erscheinende Gäste rechnen.

Musikalische Untermalung der Vernissage erhöht den festlichen Rahmen.

Technik

Neben der persönlichen Begrüßung der Gäste gehören eine kleine Ansprache, eine Einführung in die Ausstellung und meist ein Musikbeitrag zum Programm.

Für eine gute Akustik ist in der Regel eine Lautsprecheranlage mit Verstärker und Boxen unerlässlich. Ist keine entsprechende Technik vorhanden, müssen Leihgebühren oder Anschaffungskosten kalkuliert werden.

Sonstige Kosten

Es sollte immer eine Reserve für zusätzliche Ausgaben eingeplant werden. Läuft eine Ausstellung schleppend, kann eine Finissage nochmals für Aufmerksamkeit sorgen. Zusätzliche Werbemittel, Anzeigen in regionalen Medien oder ein Empfang für besondere Gäste – etwa eine Exklusivführung für die Mitglieder des regionalen Lions Clubs – können hinzukommen.

Die Einnahmenseite planen

Die Ausgaben für eine Ausstellung wollen erwirtschaftet oder anderweitig finanziert werden. Wer das Geld für die erforderlichen Ausgaben nicht hat, sollte der Finanzierung die höchste Priorität geben, auch wenn dies meist der Beginn eines wenig geliebten „Klinkenputzens“ ist. Sobald die Ausstellungsidee steht und die wichtigsten Eckpunkte in einer Konzeption zusammengestellt sind, kann der Finanzierungsmarathon beginnen.

Für die Künstler oder die Ausstellungsorganisatoren ist es klar, dass ihr Projekt wichtig ist. Bei der Suche nach Verbündeten und Geldgebern ist es jedoch entscheidend, die Bedeutung der Ausstellung aus verschiedenen Blickwinkeln heraus argumentieren zu können. Welche Argumente für einen Gesprächspartner die wichtigsten sein können, sollte man vor jedem Termin neu überlegen. Einen Leitfaden für die Entwicklung der Argumente liefern folgende Fragen:

- Welche Bedeutung hat das Ausstellungsprojekt in der Kulturlandschaft?
- Welche Wirkung kann von der Ausstellung ausgehen?
- Warum sollten die beteiligten Künstler gefördert werden?
- In welchem Zusammenhang findet die Ausstellung statt (kann sie als Teil eines Kulturfestivals positioniert werden, setzt sie eine erfolgreiche Ausstellungsreihe fort, dokumentiert sie das zeitgenössische Schaffen in der Region)?
- Welcher Nutzen kann einem Förderer geboten werden, wenn er die Ausstellung unterstützt?
- Welche Ziele der Ausstellung oder der Künstler passen besonders gut zu den Zielen eines potenziellen Förderers?
- Spricht die Ausstellung Touristen an?
- Ist sie regional oder überregional von Bedeutung?

Immer geht es darum, einen Anknüpfungspunkt zu finden, der die Ausstellung mit den Interessen des Gesprächspartners verbindet. Letztlich lautet die Frage: Warum spricht man ausgerechnet eine bestimmte Person an und warum sollte genau diese Person das Projekt in irgendeiner Form unterstützen?

Wer eine öffentliche Förderung beantragen möchte, sollte neben der internen Zielsetzung, die zu Beginn des Ausstellungsprojektes definiert wurde, eine nach außen wirkende Zielsetzung entwickeln. Denn aus dem künstlerischen Schaffen – als Selbstzweck – ergibt sich keine Begründung für den Einsatz öffentlicher Gelder. Hier legen die Genehmigungsstellen größten Wert auf die gesellschaftliche Wirkung. Ansätze für eine fördernswürdige Zielsetzung können sein:

- Bildung und Vermittlung spezieller Informationen bzw. Inhalte,
- Erkenntnisgewinn durch das Projekt und für die Besucher,
- Integration, Entwicklung von Verständnis oder Akzeptanz für ein bestimmtes Thema,
- Bewahren und Fortschreiben des kulturellen Erbes,
- Vermittlung von Kreativität, neuen Denkansätzen, ästhetischem Empfinden,
- Förderung der Forschungs- und Laborsituation in der Kunst als Wegbereiter in der Gesellschaft,
- Standort- und Wirtschaftsfaktor Kunst und Kulturwirtschaft,
- Förderung des Tourismus,
- Vernetzung über die Region hinaus mit anderen Städten, Ländern etc.

Solche abstrakten Zielsetzungen gilt es, konkret mit dem Ausstellungsprojekt zu verbinden und zu vermitteln, wodurch und bei wem die gesellschaftlich wichtige Wirkung erzielt werden kann.

Gruppenausstellungen haben es bei der Suche nach Förderern oft leichter als Einzelausstellungen, weil meist ein Thema, die Zusammenarbeit über die eigenen Grenzen hinaus und die Unterstützung vieler Künstler für eine Förderung sprechen. In der späteren Vermarktung benötigen Gruppenausstellungen eine ausgereiftere Informationsvermittlung. Allerdings kann eine Vielzahl von Förderern wiederum dazu beitragen, eine Gruppenausstellung erfolgreich zu kommunizieren.

Wer im Umfeld des Ausstellungsortes wenig bekannt ist und selbst über kein ausgeprägtes Netzwerk verfügt, wird deutlich mehr Zeit einplanen müssen. Dann wird es das erste Ziel sein, Personen für das Projekt zu gewinnen, die durch ihre Position als eine Art Bürge für die Seriosität und Ernsthaftigkeit des Projektes stehen. Das muss zu Beginn noch kein Schirmherr sein. Am Anfang können Mitarbeiter des Kulturamtes stehen, Museums- oder Kunstvereinsleiter, für die Region wichtige Unternehmer usw.

Verkaufsprovision

Klassisches Element der Ausstellungsfinanzierung sind Einnahmen aus den Verkäufen von Kunstwerken bzw. die Verkaufsprovision. Diese Einnahmen lassen sich nicht fest planen, da die Kauflust der Besucher nicht vorhersagbar ist. Dennoch sollten die Verkaufspreise und die Provisionen frühzeitig vereinbart werden, damit darüber bei der Abrechnung keine Diskussionen auftauchen. Für die Höhe der Provision gibt es keine feste Richtgröße – sie hängt von vielen Faktoren ab, u.a.:

- Bekanntheit/Renommee des Ausstellers
- Langfristigkeit der Zusammenarbeit
- Leistung des Ausstellers
- Größe der Präsentation
- Aufwand und Professionalität der Umsetzung
- Bekanntheit des Künstlers und Verkaufsaussichten
- Durchschnittlich vereinbarte Provisionen liegen zwischen 30 und 50 Prozent der Brutto-Verkaufspreise.

Ausstellungen sind Aufbauarbeit für einen Künstler, von der er für seine künftige künstlerische Tätigkeit profitieren kann. Die Präsentationen sollen sein Renommee stärken, seine Bekanntheit und dadurch mittelfristig seinen Marktwert steigern. Vor diesem Hintergrund können Künstler beurteilen, ob die vorgeschlagene Provisionshöhe für sie passend ist.

Künstlergruppen, die zusammen eine Ausstellung organisieren wollen, sollten sich frühzeitig darüber einigen, wie die Kosten untereinander aufgeteilt werden. Vor allem bei sehr unterschiedlichem Preisniveau der Werke ist es sinnvoll, gleichzeitig eine Regelung für Verkäufe aus der Ausstellung zu treffen, da die Künstler unter Umständen sehr unterschiedlich von der Präsentation profitieren und es dann bei gleichen Kosten zu Auseinandersetzungen kommen kann.

Kostenbeteiligung der Künstler

Manche Aussteller sichern sich durch eine Kostenbeteiligung der Künstler ab. Hier sollten Künstler genau prüfen, ob die Kosten-Nutzen-Relation für sie stimmt und sie mit entsprechenden Besuchern rechnen und damit auf Verkäufe hoffen können. Wird eine Verkaufsausstellung als Messe konzipiert und nach außen angemessen vermarktet, ist eine Kostenbeteiligung üblich. Auch Künstlerinitiativen sind in der Regel auf eine Mitfinanzierung durch alle Beteiligten angewiesen. Darüber hinaus ist die Beteiligung an den Kosten die Ausnahme.

Öffentliche Förderung

Es ist nicht aussichtslos, für eine Ausstellung eine öffentliche Förderung zu erhalten. Voraussetzung ist allerdings, dass die Bewerbung sehr früh eingereicht wird, da die Gelder knapp sind, ein längerer Vergabeweg möglich ist und über die Etats früh entschieden wird.
Förderungen können regional beim zuständigen Kulturamt beantragt werden, auf Landesebene beim entsprechenden Ministerium, auf EU-Ebene sowie bei Stiftungen und Kulturförderern. Je größer die Institution ist, desto früher und meist auch ausführlicher müssen die Anträge eingereicht werden. Der Mindestvorlauf liegt in der Regel bei einem Jahr. Finanzplan und Konzept sollten bis zu diesem Zeitpunkt stehen. Hilfreich ist es, wenn bereits eine Zusage von VIPs vorliegt, die das Ausstellungsprojekt unterstützen – etwa als Eröffnungsredner, Schirmherren, Jury etc.

Bevor blinde Bewerbungen geschrieben werden, ist es sinnvoll, persönlich Kontakt zum Kulturamt bzw. zu fördernden Institutionen aufzunehmen und sich nach den Möglichkeiten einer Förderung zu erkundigen. Bei Stiftungen ist es unerlässlich, die Satzung genau zu lesen und zu prüfen, ob das eigene Projekt dem Stiftungszweck entspricht. Andernfalls muss man trotz großer Begeisterung für eine Idee mit einer Absage rechnen, da Stiftungen sich eng an ihre Satzung halten müssen.

Nicht zu unterschätzen ist das Netzwerk zwischen Förderern. Daher ist es sinnvoll, bei den Gesprächen auch nachzufragen, an wen man sich noch wenden könnte und welche Stellen, Institutionen, Geldinstitute oder Unternehmen ebenfalls Kultur in der Region oder im Land fördern. Werden neue Adressen genannt, ist es äußerst hilfreich, sich auch nach den direkten Ansprechpartner zu erkundigen und danach, ob man sich im Gespräch auf den Informanten berufen kann.

Damit ein Antrag Aussicht auf Erfolg hat, raten Experten zur Lobbyarbeit: Gibt es Personen, die in Entscheidungsgremien sitzen, die man kennt oder ansprechen kann? Ziel es ist, möglichst persönlich das geplante Projekt vorstellen zu können und die eigene Begeisterung wirken zu lassen. Der Antrag wird dadurch aus der Anonymität herausgehoben und erhält ein Gesicht.

Sponsoring

Beliebt und doch nicht einfach: Per Sponsoring wollen sich viele Kulturschaffende eine Förderung für ihre Projekte sichern, doch es genügt dabei nicht, aus den eigenen Interessen heraus zu argumentieren. Beim Sponsoring geht es primär darum, was der Geldgeber von seinem Engagement hat. Diese Form der Finanzierung steht einer Anzeigenschaltung wesentlich näher als einer Spende, denn es wird für das Geld eine angemessene Gegenleistung gefordert. Man muss also auf konkrete Fragen vorbereitet sein, etwa:

- Wie viele Einladungskarten werden gedruckt und wie werden sie an wen verteilt?
- Wie viele Besucher erwarten Sie?
- Wann wird die Website fertig sein und wie wird sie beworben?
- Gibt es einen Katalog, Plakate oder andere Möglichkeiten, auf sich aufmerksam zu machen?

Natürlich kann man die kostenfreie Sonderführung für Mitarbeiter oder Kunden anbieten – doch ist es fraglich, ob Unternehmen auf dieses Angebot eingehen, wenn solche Aktionen bisher nie praktiziert wurden. Da kann es sogar aussichtsreicher sein, Exposés der Künstler mit Fotos der Arbeiten und einer Preisliste zu hinterlassen und die Möglichkeit zu offerieren, sich für einen Ankauf als „Förderung" zu entscheiden und ein Werk vorab bis zu einem bestimmten Termin mit einem festen Preisnachlass verbindlich zu reservieren.

Auch wenn die Finanzierung gesichert ist, kann es sich lohnen, sich um Sponsoren zu bemühen. Sind beispielsweise der Adressverteiler und der Bekanntheitsgrad noch relativ klein, ist es interessant, Unternehmen als sponsernden Werbepartner zu gewinnen: Das Logo des Unternehmens wird als Sponsorhinweis auf die Einladungskarte gedruckt, dafür erhält der Sponsor eine bestimmte Zahl von Einladungskarten, die er an seine Kundenadressen verschickt.

Kooperationen

Aussichtsreicher als ein Sponsoring sind häufig Kooperationen. So kann es für einen regionalen Winzer attraktiv sein, zur Vernissage eine Weinverkostung zu organisieren, wenn er gleichzeitig seine Preislisten auslegen und Kundenadressen gewinnen kann. Beim Catering kann man einen Preisnachlass erreichen, wenn für den Lieferanten durch einen Eintrag auf der Einladungskarte und während der Vernissage durch Auslagen geworben wird. Für junge Existenzgründer in der Gastronomie und im Catering kann es eine Chance sein, durch die Bewirtung auf einer gut organisierten Vernissage für ihren Service zu werben. Bei Kooperationen geht es ebenfalls um die Frage, wie andere von der Ausstellung profitieren können, wenn sie sich engagieren. Dieser Vorteil ist für den Organisator Geld wert.

Spenden

Wer auf Spenden setzt, muss auch formal die Voraussetzung erfüllen, dass Zuwendungen als Spenden deklariert werden können. Ein gemeinnütziger Verein kann beispielsweise auf diese Finanzierungsmöglichkeit zurückgreifen, während eine Künstlervereinigung diese Chance nicht hat.

Zum Schluss sei auch noch einmal gewarnt vor möglichen mündlichen Vereinbarungen, die in der ersten Freude über eine Ausstellungsmöglichkeit geschlossen wurden. Insbesondere bei Ausstellungen in Agenturen, Firmen und ähnlichen kommerziellen Institutionen können sich solche Abmachungen hinterher als teuer erweisen. Auch sollte man sich immer Bedenkzeit erbitten und Leistungen und Gegenleistungen genauestens abwägen. Besonders misstrauisch sollten Künstler werden, wenn der Veranstalter nach Beendigung der Ausstellungszeit sich freistellt, ein Kunstwerk aus der Ausstellung kostenfrei behalten zu dürfen. Hier sollte unbedingt der maximale Wert und die Art des Kunstwerkes im Vorfeld geklärt werden.

Genauso verhält es sich auch mit einer prozentualen Beteiligung an den Veranstaltungskosten. Schnell kann es sich hier nach Beendigung der Ausstellung um eine hohe Rechnung für den Einkauf teurer Weine, den Druck exklusiver Einladungskarten, erhöhtes Porto für Sonderformate, kostspielige Musikdarbietungen etc. handeln, die zuvor gar nicht im Detail abgesprochen oder gar gemeinsam kalkuliert worden sind. Damit solche bösen Überraschungen nicht erst entstehen können, sollten alle finanziellen Posten im Vorfeld transparent kommuniziert und schriftlich fixiert werden. So kann man die Kostenbeteiligung im Blick behalten und sein Mitspracherecht hinsichtlich günstigerer Lösungen wahrnehmen.

Presse- & Öffentlichkeitsarbeit auf allen Kanälen

Pressearbeit

Sobald der Termin der Ausstellung und das Thema feststehen, kann und sollte bereits die Pressearbeit beginnen. So besteht die Chance, viele Medien mit einer geringen Erscheinungsfrequenz zu erreichen. Zur Pressearbeit gehört ebenso die Information von Radio-, TV- und Online-Redaktionen, auch wenn die Bezeichnung „Presse“ oft nur in Bezug auf gedruckte Medien, also Printmedien, verstanden wird. Daher wird alternativ auch der Begriff Medienarbeit verwendet.

Erstellen Sie eine Liste mit allen wichtigen Medien und Ansprechpartnern für die Pressearbeit. Je umfangreicher die Informationen sind, um so effektiver lässt sich die Werbung für die geplante Ausstellungseröffnung gestalten.

Aufbau des Presseverteilers

Für eine genaue Terminplanung ist es entscheidend, eine Liste der möglichen Medien – Zeitungen und Zeitschriften, Radio, Fernsehen, Web-Informationsdienste und Agenturen – zu erstellen, in den Redaktionen die richtigen Ansprechpartner zu ermitteln, die Kontaktdaten zu erfassen und die Redaktionsschlusstermine zu notieren.

Wer ein breites Medienecho erreichen möchte, sollte auch in einem Unternehmen mehrere Ansprechpartner beliefern. Es kann nämlich nicht automatisch davon ausgegangen werden, dass die Feuilleton-Redaktion Termindaten an die Redaktion des Veranstaltungskalenders weitergibt und umgekehrt. Ein guter Presseverteiler sollte folgende Informationen enthalten:

- Medium (z.B. Titel der Tageszeitung, Name des Rundfunksenders etc.)
- Sparte/Sendung (z.B. Feuilleton oder Titel der Rundfunksendung)
- Zuständige Redaktion
- Ansprechpartner mit Vor- und Zuname sowie Titel und Funktion (z.B. Sekretärin für Terminhinweise, Redakteur, Sendeleiter etc.)
- Telefondurchwahl, Fax, E-Mail
- beste Anrufzeiten (es lohnt sich, diese Zeiten zu erfragen, da Redakteure zu sehr unterschiedlichen Zeiten arbeiten und zwischendurch wegen Redaktionskonferenzen nicht erreichbar sind)
- Erscheinungsweise bzw. Senderhythmus
- Redaktionsschluss

- Hinweise zum Nachrichten- bzw. Sendeschema (etwa Ablage eines Musters aus dem Veranstaltungskalender, den Terminhinweisen und Tipps etc.)
- allgemeine Hinweise zum Kontakt/ der Person (bei welcher Gelegenheit hat man sich persönlich kennen gelernt/ worüber hat die Person bereits berichtet, das in Zusammenhang mit der Ausstellung, dem Ort, den Künstlern, dem Organisator steht etc.)
- Liste der Infos, die bereits zu der Ausstellung zugesandt wurden.

Die Recherche dieser Daten ist beim ersten Aufbau eines Verteilers recht aufwändig. Publikationen, die öffentlich erhältlich sind, liefern in ihrem Impressum einen Großteil der Informationen. Enthalten diese Printmedien auch Anzeigen, so geben die Mediadaten in der Regel Auskunft über die Erscheinungsweise, die Auflage, die Zielgruppe und die Art der Verteilung. Wer nicht direkt beim Verlag die Mediadaten anfordern möchte, findet sie oft im Internet als Download.

TIPP

Auf die Erfahrungen anderer zurückgreifen

Hilfreich ist es, wenn auf andere Verteiler oder das **Wissen von Experten** zurückgegriffen werden kann. So verfügt jedes Kulturamt über einen Presseverteiler für seine Ausstellungen und kann ggf. **Tipps zu Ansprechpartnern** geben. Kunstvereine, Museen und Ausstellungshallen sind eventuell ebenfalls behilflich. Man wird zwar nicht erwarten können, dass man die Presseverteiler erhält. Doch vielfach werden Fragen nach den **richtigen Ansprechpartnern bei den wichtigsten Medien** beantwortet oder Hinweise auf interessante zusätzliche Medien oder Sendungen gegeben. Möglicherweise kann man über eine Kostenbeteiligung – sozusagen als Sponsor – einen Infoflyer zur eigenen Ausstellung mit der Pressepost des Kulturamtes oder eines Kunstinstitutes mitsenden lassen. Bei entsprechendem Niveau der Ausstellung kann der Termin auch auf die **offizielle Liste der regionalen Kunstevents** aufgenommen werden.

Veranstaltungskalender nicht unterschätzen

Viele Regionen geben Veranstaltungskalender heraus, um Einheimische und Touristen auf interessante Veranstaltungen aufmerksam zu machen. Zum Teil erscheinen die Prospekte und Flyer mit einem monatelangen Vorlauf. Stadtillustrierte, Beilagen von Tageszeitungen und die entsprechenden Websites listen Termine auf, die den Redaktionen gemeldet werden. In der Regel ist die Veröffentlichung kostenfrei. Die Informationen müssen lediglich rechtzeitig und vollständig eintreffen.

TIPP

Muster der Veranstaltungskalender sammeln

Der Weg in die Verwaltung, in die Touristik-Information und zu Museen ist meist nicht weit, ein Besuch aber ergiebig. Dort liegen **viele Informationsbroschüren und Terminhinweise direkt zum Mitnehmen** aus. Sinnvoll ist es, für jedes Medium anhand einer aktuellen Ausgabe jeweils einen Mustereintrag auszuwählen und die eigene Mitteilung nach diesem Vorbild zu erstellen.

Das hat mehrere Vorteile:

- Alle **wichtigen Informationen** sind enthalten.
- Die Redaktion freut sich über die **gute Vorarbeit,** wenn sie die Informationen direkt übernehmen kann.
- Man gewinnt an Praxis in der Formulierung knapper Terminhinweise, in denen dennoch nichts Wichtiges fehlt.

Neben kurzen Terminhinweisen werden häufig kleine bis mittelgroße Artikel mit Foto zu besonderen Veranstaltungen abgedruckt. Auch diese Muster sollte man sammeln, um einen Vorschlag mit Foto und knappem Text abliefern zu können, der im Umfang den Gepflogenheiten der Redaktion entspricht. Bei **gutem Bildmaterial ist die Chance einer Veröffentlichung gerade bei langem Vorlauf groß,** da die Redaktionen dann meist nur auf wenig vorhandenes Bildmaterial zurückgreifen können.

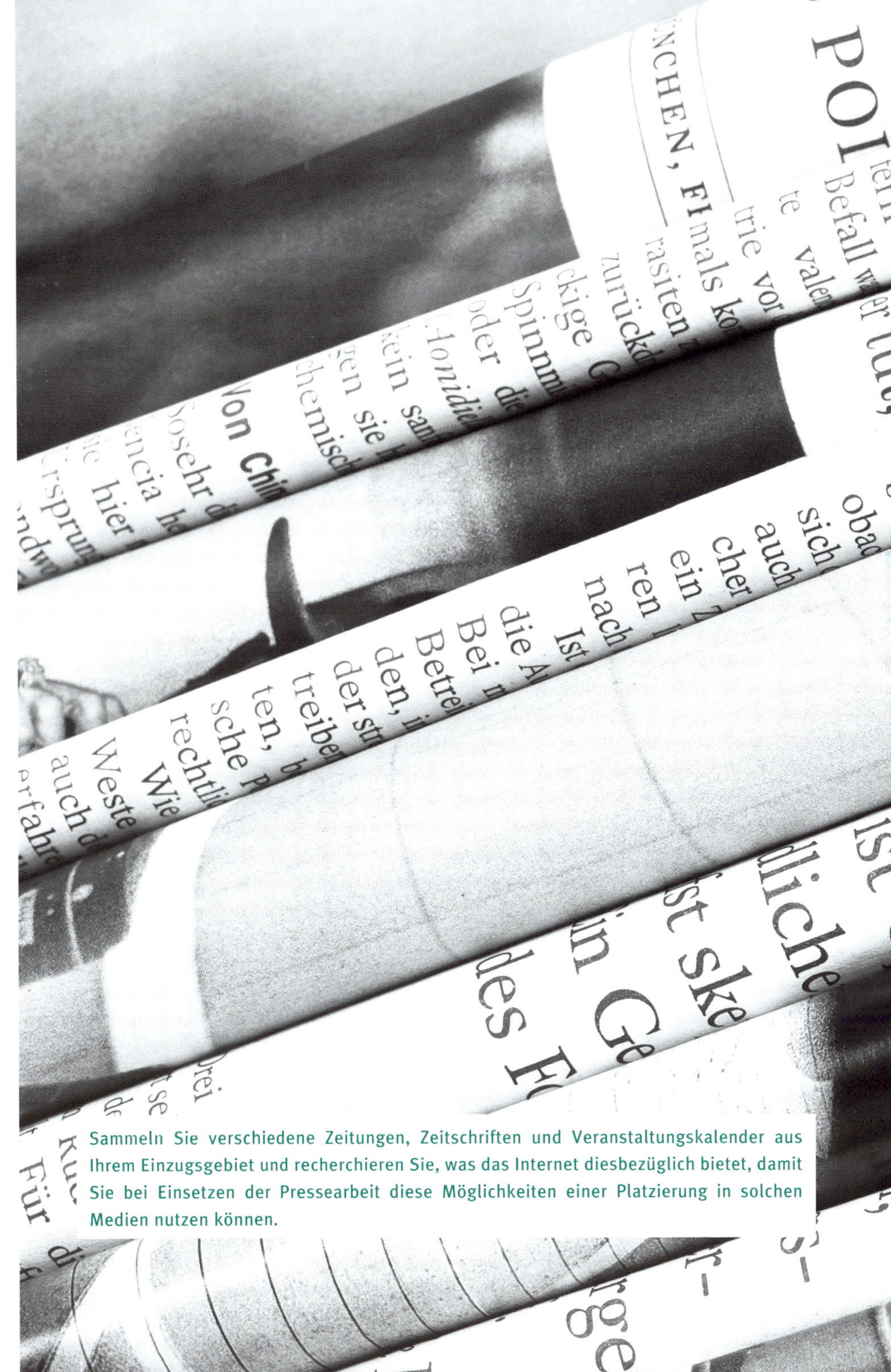

Sammeln Sie verschiedene Zeitungen, Zeitschriften und Veranstaltungskalender aus Ihrem Einzugsgebiet und recherchieren Sie, was das Internet diesbezüglich bietet, damit Sie bei Einsetzen der Pressearbeit diese Möglichkeiten einer Platzierung in solchen Medien nutzen können.

Zu einem Terminhinweis gehören in der Regel:

- Titel der Ausstellung,
- Thema, beteiligte Künstler, Anlass der Ausstellung,
- Ort,
- Termin der Vernissage mit Wochentag, Datum und Uhrzeit,
- Laufzeit,
- Öffnungszeiten,
- Webadresse.

Veranstalter mögen einwenden, dass niemand so langfristig einen Ausstellungsbesuch plant und man sich daher die Mühe in Bezug auf langfristige Veranstaltungshinweise sparen könne. Dem muss man entgegenhalten, dass jede Veröffentlichung die Bekanntheit der Veranstaltung steigert. Wer als Kunst- und Kulturfreund mehrfach über eine Ausstellung liest oder von ihr hört, kann am Vernissagetermin und während der Laufzeit wesentlich leichter zu einem Besuch bewegt werden. Auch die Pressearbeit erleichtert es, wenn die Ausstellung in verschiedenen Medien zu unterschiedlichen Zeiten immer wieder auftaucht. Der Termin kann dadurch sogar zu einem „Muss" für die Redaktionen werden, zu einer Veranstaltung, die man aufgrund der vorherigen Berichte zumindest ankündigt.

Die Spanne einer Presse-Information reicht vom Vierzeiler mit Terminhinweis bis zur umfangreichen Mappe samt CD oder USB-Stick mit Text- und Bilddaten.

Presseinformation und Pressemappe als Print- und Online-Version

Wie viele Informationen brauchen Journalisten? Die Spanne einer Presseinformation reicht vom Vierzeiler mit Terminhinweis bis zur umfangreichen Mappe samt CD mit Text- und Bilddaten. Für einen Veranstaltungshinweis genügt die kurze Information mit Bild, wobei die Bedeutung der Veranstaltung aus der Information sowie aus dem Anschreiben hervorgehen sollte.

Auch langfristige Vorankündigungen kommen mit kurzen Informationen aus, soweit man davon ausgehen kann, dass die Veranstaltung, die Organisatoren und/oder Künstler der Redaktion nicht gänzlich unbekannt sind. Ist dies der Fall, empfiehlt es sich, mit dem eigentlichen Pressetext Hintergrundinformationen wie Biografien, Werdegang etc. einzureichen. Sobald man auf größere Berichte hofft, sollte eine Pressemappe erstellt werden. Dies gilt insbesondere zur Eröffnung der Ausstellung.

Zur Pressemappe gehören:

- ein kurzes Anschreiben mit Kontaktdaten
- eine Übersicht der Eckdaten
- ein kurzer Pressetext (ca. 600 bis max. 1.000 Zeichen)
- ein längerer Pressetext (ca. 1.500 bis max. 3.000 Zeichen)
- Biografien der beteiligten Künstler
- ggf. Hintergrundinformationen zu den übrigen beteiligten Personen, dem

Ausstellungsort oder dem Projekt allgemein
- Pressefotos als Ausdrucke oder Abzüge in guter Qualität und auf CD. (Am Besten mit dem Hinweis, dass Verwendung bzw. Abdruck honorarfrei ist!)

Versandtermine planen

Es ist eine Kunst, den richtigen Augenblick für den Versand der Presseunterlagen abzupassen. Eine Grundregel lautet: Nicht durch den Versand genau zum Redaktionsschluss – oder gar kurz danach – für Stress auf allen Seiten sorgen. Andererseits: Auch wer seine Unterlagen zu früh sendet, kann übersehen werden, oder die Information wird so früh gedruckt, weil mit ihr gerade eine Lücke gefüllt werden kann – auch dann erfüllt sie ihren Zweck nicht optimal.

Bei der Pressearbeit gilt: Erst die Ziele und Möglichkeiten überdenken, dann handeln. In der Praxis bedeutet dies, die eigenen Mitteilungen nach den Bedürfnissen der Redaktionen auszurichten.

- Veranstaltungskalender sollten mindestens eine Woche vor Redaktionsschluss beliefert werden. Es empfiehlt sich, den Veranstaltungstermin deutlich hervorzuheben und ggf. die Nummer oder den Erscheinungstermin der Ausgabe anzugeben, in der eine Veröffentlichung gewünscht ist.

TIPP

Zeitungen und das Web nach Berichten durchsuchen lassen

Nicht immer erfährt ein Ausstellungsmacher, ob eine Zeitung oder Zeitschrift über sein Projekt berichtet. Eine **Hilfe für das Sammeln** von Presseveröffentlichungen ist die **Einrichtung eines „Alarms“ über die Suchmaschine Google:** Wer auf der Website **www.google.de** den Reiter „News“ aufruft, findet unter den Schlagzeilen den **Service „News-Alert“**. Dort kann eine Mail-Nachricht angefordert werden, sobald ein bestimmter Begriff oder Name in den Google-News oder im Internet auftauchen. Dabei werden auch die Archive von Tageszeitungen berücksichtigt, die eine Online-Ausgabe produzieren. **Der Google-News-Service ist kostenfrei.**

- Tageszeitungen und aktuelle Medien (Radio und Fernsehredaktionen, Online-Redaktionen) können vor allem bei bedeutenden Ausstellungen in mehreren Stufen beliefert werden. In einem frühen Stadium kann über das Projekt, die Hintergründe und Vorbereitungen informiert werden mit dem Hinweis, zu welchem Anlass sich beispielsweise ein Besuch eines Mitarbeiters in der Vorbereitungsphase oder zu einem Gespräch besonders lohnen würde.

- Zwischendurch können Meldungen über wichtige Etappen eingereicht werden, etwa darüber, wer die Schirmherrschaft übernimmt oder wenn ein besonderes Werk für die Ausstellung fertiggestellt ist oder andere Hürden genommen wurden. Spätestens eine Woche vor der Eröffnung erhält die Redaktion eine ausführliche Information, ggf. als Pressemappe, verbunden mit der Einladung zur Eröffnung bzw. der Pressekonferenz am Eröffnungstag oder dem Tag zuvor und einem kurzen Ankündigungstext zur Vernissage.

Rechzeitig nachhaken

Es lohnt sich, rechtzeitig vor der Vernissage im Redaktionssekretariat nachzufragen, wer zur Eröffnung kommt und ob Fotomaterial benötigt wird. So können die Presseinformationen in ausreichender Zahl vorbereitet werden. Sollte niemand eingeteilt sein, kann man erneut bei einem zuständigen Redakteur nachfragen, ob der Termin noch besetzt ist, und für sich werben. Ggf. erhält man auch den Tipp, sich an ein anderes Ressort zu wenden – etwa an die Lokalredaktion, wenn die Ausstellung nicht den Vorstellungen des Feuilleton entspricht. Erfolgt keine Zusage, dass ein (freier) Mitarbeiter eingeteilt wird, so sollte man selbst aktiv werden und unmittelbar nach der Eröffnung eigene Fotos und einen Text einreichen. Bei guten Aufnahmen und entsprechender Textvorlage ist oft zumindest eine kleine Veröffentlichung möglich.

Wann sich eine Pressekonferenz lohnt

Wenn Journalisten kommen, dann zur Vernissage, um sich ein Bild von der Veranstaltung und dem Publikumsinteresse zu machen. Die Eröffnung ist das öffentlichste und offiziellste Ereignis rund um die Ausstellung und bietet daher den aktuellen Anlass für die Berichterstattung. Ist die Ausstellung überregional bedeutend oder hat sie bereits in der Vorbereitungsphase für Aufmerksamkeit und Diskussionen gesorgt, kann sich eine Pressekonferenz mit allen Verantwortlichen lohnen. Bei den meisten Ausstellungen genügt es jedoch, vorab eine Information mit der Einladung zur Vernissage an die Medien zu senden und die Bereitschaft, für einen individuellen Termin zur Verfügung zu stehen, zu signalisieren – möglichst mit Handy-Nummer für eine kurzfristige Rücksprache.

> **Die Ausstellung sollte in professioneller Qualität für die eigene Dokumentation und Pressearbeit festgehalten werden.**

Die Vernissage selbst dokumentieren

Es gehört auf jeden Fall zur eigenen Presse- und Öffentlichkeitsarbeit, die Vernissage und die Ausstellung in professioneller Qualität fotografisch zu dokumentieren. Arbeitet ein Redner mit Manuskript, sollte man eine Kopie erbitten und klären, ob und in welcher Form der Text für die Öffentlichkeitsarbeit verwendet werden kann. Optimal ist es, wenn die Rede vorab als Datei übermittelt wird, sodass ein Ausdruck in die Pressemappe eingelegt werden kann.

Viele kleinere Publikationen, die selbst wenige Termine wahrnehmen, erwarten für einen kurzen Bericht, dass gutes Bildmaterial und alle erforderlichen Text-

TIPP

Original-Bilddaten sichern und nur mit Kopien arbeiten

Bevor Aufnahmen einer Ausstellung erstellt werden, sollte die Digitalkamera auf die **höchste mögliche Aufnahmequalität** eingestellt werden, damit **druckfähige Daten** aufgenommen werden.

Viele Kameras liefern Aufnahmen im jpg-Format. Ist dies der Fall, sollte zunächst eine **Sicherheitskopie dieser Daten angelegt** werden, die als Urfassung aufbewahrt und nicht bearbeitet wird. Soweit Bilder für die Pressearbeit oder für das Internet bearbeitet werden müssen, werden dazu ausschließlich Kopien der Originale genutzt. Die **Original-Bilddatei** wird dazu in einen **separaten Ordner kopiert** und die neue Datei umbenannt. Anschließend kann sie bearbeitet und neu berechnet werden. Dadurch werden **Qualitätsverluste reduziert**. Außerdem bleibt die **Originaldatei als druckfähige Datei erhalten**, selbst wenn das Motiv zwischenzeitlich für eine Website heruntergerechnet wurde.

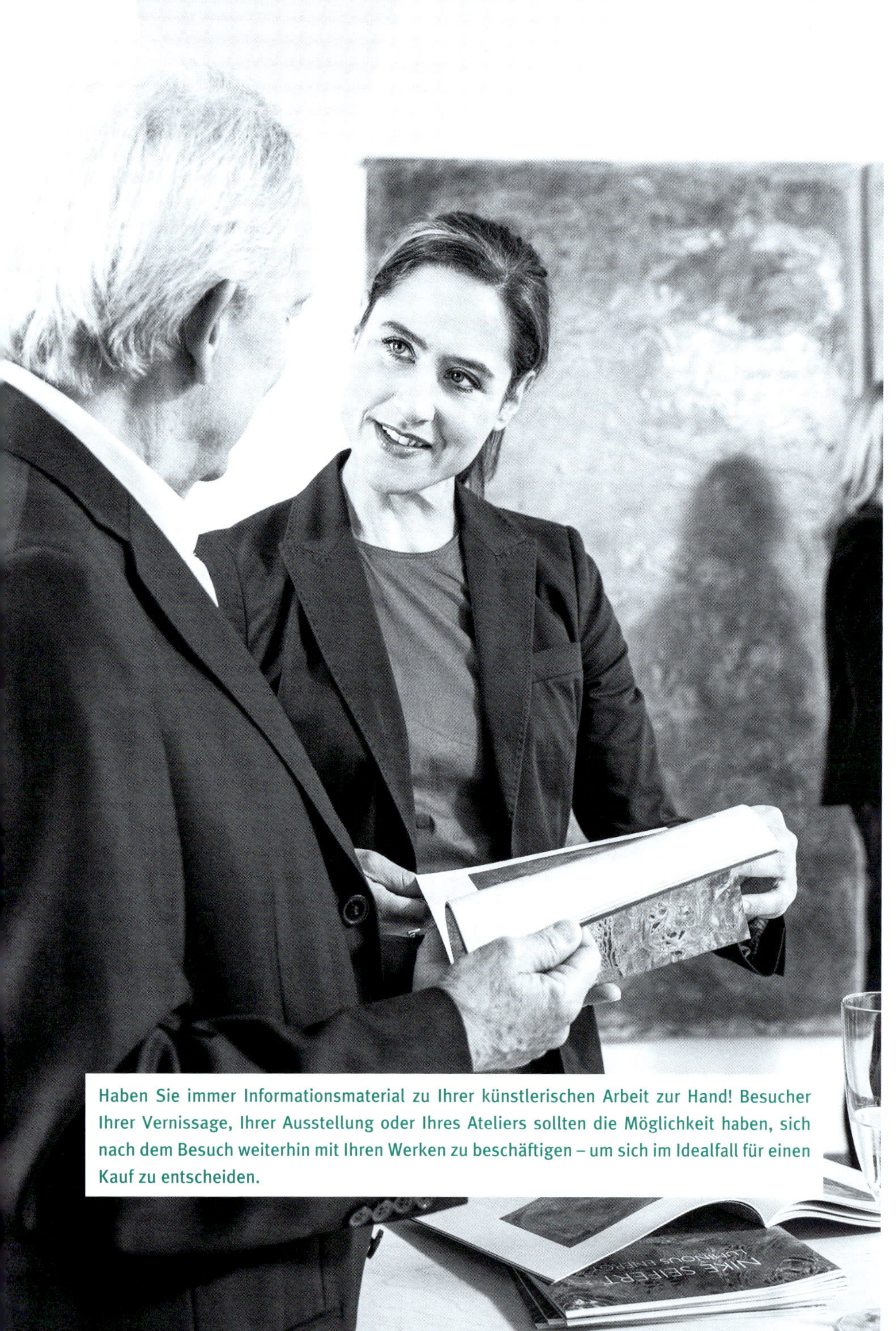

Haben Sie immer Informationsmaterial zu Ihrer künstlerischen Arbeit zur Hand! Besucher Ihrer Vernissage, Ihrer Ausstellung oder Ihres Ateliers sollten die Möglichkeit haben, sich nach dem Besuch weiterhin mit Ihren Werken zu beschäftigen – um sich im Idealfall für einen Kauf zu entscheiden.

informationen kurzfristig nach der Ausstellungseröffnung eingereicht werden. Ansonsten findet die Ausstellung in diesen Medien nicht statt. Auch wenn es sich um kostenfrei ausgeteilte Anzeigenblätter ohne Feuilleton-Teil handelt, können Ausstellungen von einer Veröffentlichung profitieren, da diese Printprodukte kostenfrei verteilt werden und viele Haushalte erreichen.

Mit guten Fotos und knappen, aber interessant aufgemachten Texten können auch Radio- oder TV-Redaktionen während der Laufzeit der Ausstellung nochmals bestückt werden. Insbesondere bei regionalen Sendern kann der besondere regionale Bezug der Ausstellung hervorgehoben werden, um die Aufmerksamkeit der Redaktion zu gewinnen. Videoaufnahmen oder gar professionell aufbereitete kleine Filme werden immer häufiger während der Vernissage aufgenommen, bereichert mit kleinen Interviews der Künstler. Solche Videos können anschließend auf Youtube und der eigenen Website eingestellt werden.

Die richtige Dateigröße für Bilddaten

Bei der Versendung der Pressemappe und des Informationsmaterials an Redaktionen und freie Journalisten via E-Mail sollte unbedingt die Datenmenge beachtet werden. Bilder mit mehreren MBs werden in den jeweiligen Redaktionen für Unmut sorgen. Auch zu große pdf-Dokumente kommen nicht gut an. Deshalb immer prüfen, wie groß die gesamte Datenmenge der E-Mail sein wird und gegebenenfalls die einzelnen Dateien mit reduzierter Datenmenge neu abspeichern. Das Gleiche gilt auch für die Bilddaten, die gewöhnlich als JPGs versendet werden. Wählen Sie hier lieber eine Auflösung in 72 dpi und bieten Sie an, bei Bedarf hoch aufgelöste, druckfähige Daten nachzusenden.

Zu jedem Bild gehört eine eindeutige Bildunterzeile mit der Angabe, was zu sehen ist (Titel des Kunstwerks, Künstlername, ggf. weitere Angaben zum Werk wie Größe, Technik, Entstehungsjahr) sowie der Name des Fotografen. Die Zuordnung zu dem jeweiligen Bild erfolgt über Angabe des Bildtitels, etwa: „BU zu Foto kunstverein_1.jpg“, wobei BU als Abkürzung für Bildunterzeile steht.

Nachbereitung der Pressearbeit

Nach der Vernissage machen viele Ausstellungsorganisatoren erst einmal eine Pause. Die Kräfte sind aufgezehrt, das Hauptereignis ist geschafft. Die Tage nach der Eröffnung sind jedoch mindestens ebenso wichtig für die Presse- und Öffentlichkeitsarbeit wie die Zeit unmittelbar vor der Ausstellung.

Anhand der Liste der eingeladenen bzw. vorab informierten Medien wird abgehakt, wer den Eröffnungstermin wahrgenommen hat. Bei diesen Medien ist es wichtig, auf die Veröffentlichungen der nächsten Tage zu achten, um sich ein Belegexemplar zu sichern.

Redaktionen, die den Termin trotz Ankündigung nicht wahrgenommen haben, werden umgehend freundlich kontaktiert, um nachzufragen und das eigene Material (Fotos der Eröffnung und Texte) anzubieten.

Journalisten und Medien, die nicht auf das Pressematerial reagiert haben, sollten dennoch mit einem aktuellen Bericht zur Ausstellung beliefert werden, aus dem die Bedeutung und das Interesse des Publikums hervorgehen. Die Laufzeit der Ausstellung sollte deutlich hervorgehoben sein, damit die Redaktionen den Beitrag ohne große Mühe für die passende Ausgabe einplanen können. Handelt es sich um ein wichtiges Medium, in dem bisher keine Resonanz erzielt wurde, empfiehlt es sich, vor dem E-Mail-Versand der Unterlagen nochmals nachzutelefonieren und den richtigen Ansprechpartner mit seiner E-Mail-Adresse zu ermitteln und dann direkt zu beliefern – möglichst mit Kopie an die allgemeine Redaktionsadresse, damit eine Nachricht nicht untergeht, nur weil der angeschriebene Redakteur in Urlaub oder auf Dienstreise ist.

Pressespiegel als Printversion und Online

Eine gute Besprechung gehört zur bestmöglichen Werbung für eine Ausstellung. Viele Organisatoren kopieren daher kurzerhand Presseberichte und stellen sie als Bild auf ihre Website oder legen Kopien in der Ausstellung aus. Rechtlich ist dies ohne Genehmigung durch den Verlag nicht zulässig.

Die Berichte und Fremdfotos sind urheberrechtlich geschützt und dürfen daher nur zu privaten Zwecken kopiert werden.

> **Viele Verlage erlauben auf Anfrage die Nutzung von Artikeln in Pressespiegeln, sofern die Quelle genannt wird.**

Viele Verlage reagieren durchaus positiv und erlauben die Nutzung bzw. die Verlinkung der Artikel auf Anfrage die Nutzung von Artikeln in Pressespiegeln, sofern die Quelle genannt wird. Auf eine entsprechende Nachfrage vor der Nutzung sollte also nicht verzichtet werden.

TIPP

Mit Zitaten punkten

Alternativ zu einem ausführlichen Pressespiegel ist es möglich, selbst eine kurze Zusammenfassung über den bisherigen Ausstellungsverlauf zu schreiben und die eigenen Aussagen mit Zitaten aus den Medien zu untermauern. Auch hier gehört die genaue Quellenangabe dazu. Eine gesonderte Erlaubnis für die Verwendung der Zitate ist nicht erforderlich, sofern sie die Aussagen in dem eigenen Text belegen oder illustrieren. Insbesondere für das Internet ist diese Variante sinnvoll, da sie den Blick unmittelbar auf die für den Veranstalter bedeutendsten Aussagen innerhalb einer Besprechung lenkt.

Öffentlichkeitsarbeit überall und zu jeder Zeit

Bei der Vorbereitung einer Ausstellung genügt es nicht, sich auf Veröffentlichungen der Medien zu verlassen. Parallel zur Pressearbeit wird die Öffentlichkeit auf unterschiedlichen Wegen über das Kunstereignis informiert. Obwohl die Pressearbeit meist bewusster geplant und mit mehr Zeit realisiert wird, liegt in einer guten Öffentlichkeitsarbeit ein mindestens ebenso großes Potenzial – wenn nicht ein deutlich größeres.

Die Öffentlichkeitsarbeit beginnt ganz informell, indem Freunde und Bekannte über die Ausstellungspläne informiert werden. Optimal ist es, wenn zu diesem Zeitpunkt bereits erste Informationen auf einer Website zu finden sind, deren Adresse auch mündlich leicht zu kommunizieren ist.

Über den eigenen Freundeskreis hinaus denken

Natürlich sollen und wollen Freunde der ausstellenden Künstler und der Organisatoren zu den Vernissagegästen gehören. Deshalb ist es inzwischen meist selbstverständlich, dass ausstellenden Künstlern rechtzeitig vor der Vernissage Einladungskarten zur Verfügung gestellt werden. Doch der allgemeine Bekanntenkreis ist nicht das Hauptpublikum – sonst könnte man die kostengünstige Mitbringparty im Freundeskreis feiern. Für die angestrebten Ziele ist es wichtig, weitere Menschen auf das Schaffen der Künstler aufmerksam zu machen.

Alle Zielgruppen ansprechen

Die Liste der Zielgruppe liefert den richtigen Leitfaden für eine effiziente Öffentlichkeitsarbeit:

- Wer ist besonders wichtig für den kurzfristigen Erfolg der Ausstellung?
- Welche Personen sind für den langfristigen Erfolg entscheidend?
- Wo erreicht man diese Personen?
- Woher kommt neben den VIPs die Masse der Besucher, die für eine gute Stimmung während der Vernissage sorgen?
- Wo finden sich Menschen, die auch nach der Eröffnung noch Interesse an den Werken haben?

Prominente frühzeitig anfragen

VIPs sind gleichzeitig die Zugpferde für eine Veranstaltung. Interessante Persönlichkeiten ziehen andere Menschen an – und sei es die Journalisten, die genauer hinsehen, wenn ein Stadtoberhaupt, eine wichtige Persönlichkeit aus der Kunst- und Kulturszene oder ein anderer Mensch mit Schlagzeilenniveau eine Ausstellung eröffnet.

Eine Anfrage kostet vielleicht vor allem eines: Überwindung. Außerdem sollte man selbst kritisch überlegen, was die Ausstellung so außergewöhnlich macht, dass es eine populäre Persönlichkeit überzeugen kann. Mit den Argumenten ergibt sich oft auch die passende Person fast von selbst.

Sind es vor allem junge Künstler, die eine Chance bekommen, ihr Werk zu präsentieren, so passt ein Schirmherr dazu, der sich für Innovation, den Nachwuchs in unterschiedlichen Branchen, Experimentierfreude u.ä. stark macht. Geht es um eine Retrospektive eines Menschen, der seit Jahren in der Region wirkt und wichtige Werke im öffentlichen Raum geschaffen hat, wird man eine Persönlichkeit suchen, die selbst eng mit der Region verbunden ist, für sie viel getan und erreicht hat.

Wer die Stärken seiner Ausstellung herausarbeitet und früh genug seine Anfragen startet, findet Personen, die sie auf ihrem Weg unterstützen. Eine Schirmherrschaft über die Ausstellung kommt einem Qualitätssiegel gleich, und auch die Redner, Sponsoren und Förderer wirken wie Bürgen für die Ernsthaftigkeit und Seriosität der geplanten Präsentation.

TIPP

Kostenfreier Eintrag im Kulturserver

In verschiedene Ausstellungsdatenbanken **können Termine kostenfrei** eingestellt werden. Oft ist es auch möglich, **ein Foto mit zu veröffentlichen.** Ein Beispiel ist die Plattform **www.kulturserver.de.** Diese überregionale Kulturdatenbank bietet einen aktuellen Überblick über die vielfältigen Kulturlandschaften einzelner Bundesländer und die Aktivitäten einzelner Kultursparten. Ihre gemeinsame Grundlage ist die Kulturdatenbank CultureBase und bietet Künstlern und Institutionen die Möglichkeit, sich zu präsentieren. Kostenlos können hier Informationen online eingegeben und bearbeitet werden, zum Beispiel eine persönliche Webvisitenkarte, Veranstaltungen und Informationen über Projekte und Einrichtungen.

Einladungen, Flyer, Plakate und Anzeigen

Wer Interessenten gewinnen möchte, muss um sie werben. Der klassische Weg für Ausstellungen ist die Einladung. Auch hierbei gilt: Frühzeitig Adressen sammeln und für den Versand aufbereiten.

Die Pflege von Adressverteilern ist relativ aufwändig und garantiert nicht, dass immer wieder ausreichend neue Kunstfreunde angesprochen werden. Es empfiehlt sich daher, die Einladung um andere Aktionen zu ergänzen. Die Druckkosten für eine höhere Auflage der Einladungskarten oder für spezielle Flyer sind inzwischen relativ niedrig. So bieten sich diese Medien sehr gut für weitere Aktionen an. Es können Karten nach einer wichtigen Veranstaltung vor einem Museum oder Kunstverein, einem Opernhaus oder Theater verteilt werden. In Szenerestaurants, Cafés und ähnlichen Treffpunkten können Karten ausgelegt werden, wenn die Inhaber dies gestatten.

Alternativ zu einer Anzeige kann auch der Flyer als Beilage in einer Zeitung oder Zeitschrift geschaltet werden. Hier können oft gezielt Teilauflagen ausgewählt werden, etwa ein bestimmter Stadtteil. Auch in Bezug auf die Kosten einer Anzeige, die zudem oft weniger

TIPP

Mit Massensendungen Kosten sparen

Zu den frühen Rechercheaufgaben gehört es, **günstige Versandwege** zu ermitteln. Die Post bietet hier unter den Stichworten **Infobrief und Infopost Vergünstigungen**. In vielen Städten gibt es sogenannte Direct Marketing Center, die Kunden **kostenlos beraten** und ihnen Ideen und Unterstützung für ihre Geschäftspost liefern. Alternativ können Angebote von regionalen Dienstleistern eingeholt werden. Wichtig für die Planung ist es, auf jeden Fall die üblichen **Laufzeiten abzufragen** und den Versandtermin entsprechend früh festzulegen. Man sollte mindestens einkalkulieren, dass nationale Massensendungen **bis zu vier Tage unterwegs** sind. Je nach Anreiseweg zur Vernissage sollten **die Einladungen zwei bis vier Wochen vor dem Eröffnungstermin** bei den Empfängern eintreffen.

auffällt, ist der Vergleich mit einer Beilage interessant. Wer die Austräger von regionalen Zeitungen und Werbeschriften persönlich kennt, hat u.U. die Möglichkeit, sie direkt zu engagieren und so gegen einen geringeren Betrag die Karten austeilen zu lassen. Wo sich eine Auslage oder Verteilung lohnt, ergibt sich immer wieder aus der Antwort auf die Frage: Wen möchte ich gerne bei der Vernissage begrüßen können?

Plakate sprechen vor allem das Laufpublikum an und können auch während der Ausstellungsdauer noch Menschen anlocken. Von wildem Plakatieren ist allerdings abzusehen. Meist kann das Ordnungsamt Auskunft geben, wo das Plakatieren möglich ist und welche Kosten anfallen. Dort erfährt man auch, ob ein Aufsteller auf dem Bürgersteig, eine Fahne am Ausstellungsgebäude oder ähnliche Werbeträger erlaubt sind bzw. wer eine Genehmigung erteilt.

Über die Wirkung von Anzeigen gibt es geteilte Meinungen, doch kann man davon ausgehen, dass gerade in kleineren Publikationen irgendwann ohne Anzeige auch redaktionell die Freude an Informationen sinkt. Offiziell wird dies niemand zugeben, doch wer privat mit namhaften Galeristen spricht, dem wird dieses Verhalten auch für große Kunst-

TIPP

Sponsoren-Logos frühzeitig anfordern

Wer Geldgeber für seine Ausstellung gewonnen hat, sollte sie auch **gebührend in seiner Werbung erwähnen.** Wichtig ist es daher, **frühzeitig die Logos** der Unternehmen **als druckfähige Datei anzufordern** und nach dem Eingang sofort auf ihre Verwendbarkeit (Auflösung, Größe, Qualität und Kompatibilität der Datei) hin zu überprüfen. Dann stehen sie rechtzeitig für den Druck von Werbemitteln zur Verfügung und können – soweit **dies ausdrücklich vereinbart ist** – bereits im Vorfeld auf **alle Informationen zur Ausstellung** aufgedruckt werden. Eine solche Planung erhöht den Spielraum für mögliche Gegenleistungen, und **zufriedene Sponsoren** sind eine **gute Empfehlung** für künftige Förderer.

magazine bestätigt. Anzeigen sind zunächst eine Frage des Gesamtbudgets.

Sobald Sponsoren die Präsentation unterstützen, werden sie aber auch ein Thema der Gegenleistung für das Sponsoring. Wer über Sponsoringleistungen verhandelt und ankündigt, dass die Sponsoren in Zusammenhang mit der Ausstellung in den Medien erwähnt werden, sollte sich vorher die Mediadaten besorgen. Denn eine redaktionelle Erwähnung der Sponsoren ist eine große Ausnahme. Das Versprechen von Medienpräsenz ist daher meist nur über Anzeigen einzulösen.

TIPP

Website: Impressum gut sichtbar platzieren

Ein **Impressum ist Pflicht auf jeder Website**, doch noch immer wird es von nicht professionellen Gestaltern vergessen. **Dies kann zu Abmahnungen und unerfreulichen Kosten führen.** Daher ist es wichtig, folgende Angaben als Impressum oder Anbieterkennung von Anfang an auf der Website zu publizieren – und zwar **gut sichtbar und möglichst auf jeder Seite abrufbar:**

- der vollständige **Name** des Betreibers
- die **Anschrift** – keine Postfachadresse
- die **E-Mail-Adresse**
- die **Telefonnummer**
- soweit vorhanden die **Ust.-ID.**

Juristische Personen müssen zudem einen **Vertretungsberechtigten benennen.** Sofern ein Eintrag in ein Vereins-, Handels- oder Partnerschaftsregister besteht, müssen das entsprechende Register und die Registernummer eingetragen werden.

Vor der Freischaltung der Website **sollte im Zweifel Rechtsrat eingeholt werden,** da sich die Vorschriften zu den Inhalten einer Website aufgrund neuer rechtlicher Regelungen bzw. durch das Fortschreiben der Rechtsprechung schnell ändern können. Außerdem sind für E-Shops besondere Vorschriften zu beachten.

Die Website zur Ausstellung

Eine eigene Website ist ein unverzichtbares Medium für die Öffentlichkeitsarbeit. Hier können alle Informationen, die über die geplante Ausstellung, die Organisatoren, Künstler, Förderer, Schirmherren etc. bereits vorliegen, aktuell veröffentlicht werden. Der Eintrag der Webadresse auf allen gedruckten Informationen – wie Visitenkarte, Einladung, Flyer, Plakat etc. – macht die Website bekannt und lädt dazu ein, sich näher mit der Veranstaltung zu befassen.

Wer die Gestaltung extern in Auftrag gibt, sollte prüfen, wer die Aktualisierungen vornimmt. Ist der Webgestalter zuständig, ist es sinnvoll, als Angebot einen Paketpreis inkl. einer bestimmten Anzahl von Aktualisierungen mit dem Preis für zusätzlich erforderliche Änderungen anzufordern. Außerdem sollte der Zeitraum vereinbart werden, innerhalb dessen Aktualisierungen ausgeführt werden.

Die Struktur der Website sollte schon vor dem Aufbau, also bereits beim ersten Briefing bzw. Entwurf möglichst bis zum Ende durchdacht werden, damit sie wie gewünscht mit den Ausstellungen und Kunstprojekten und dem Pressebereich mitwachsen kann.

Wichtig ist es auch sicherzustellen, dass man die Rechte für die Verwendung von Texten und Fotos auf der Website besitzt. Werden Fotografen und Texter beauftragt, beispielsweise für die Pressemappe oder für Einladung und Flyer Material zu liefern, sollte man unmittelbar auch die Rechte für die Nutzung im Internet erwerben.

Dies gilt auch, wenn die Gestaltung von Werbemitteln gegen Honorar ausgeführt wird. Dann sollte eine pdf-Datei, eine Bilddatei der Werbemittel für die Website und der Versand per E-Mail im Auftrag mit vereinbart werden sowie die Rechte, diese Dateien sowohl im Internet als auch im Mailverkehr ohne Zahlung eines zusätzlichen Honorars nutzen zu können.

Aufbau der Ausstellung, Ablauf von der Vernissage bis zur Finissage

Aufbau der Ausstellung

Der Ausstellungsaufbau ist der Endspurt vor der Vernissage. Die Termine mit den Künstlern sind rechtzeitig vereinbart und nochmals wenige Tage vor der Anlieferung der Werke telefonisch bestätigt. Bei einer Besichtigung der Räume vor dem Aufbautermin sind die Wände kontrolliert worden, um ggf. Ausbesserungen oder eine Übermalung vornehmen zu können. Die Räume sind gereinigt, alle Hängevorrichtungen überprüft. Die Sockel stehen bereit, die Beschriftungen sind vorbereitet – soweit Informationen direkt am Bild geplant sind.

Vor dem Aufbau der Ausstellung sollten alle Werke vor den Wänden platziert werden, so wird der vorhande Raum optimal genutzt und man erkennt vor der Montage, ob die Kunstwerke auch nebeneinander harmonieren.

Die Werke für eine Ausstellung sollten nicht erst am letzten Tag vor der Vernissage angeliefert werden. Sinnvoll ist es, sich zumindest zwei bis drei Tage Luft zu lassen. So können ggf. noch Werke ausgetauscht werden, wenn die Auswahl nicht

TIPP

Bei Messepräsentationen Ersatz vorhalten

Für eine Verkaufspräsentation auf einer Messe oder vergleichbaren Veranstaltung sollte stets für ausreichend „Nachschub“ gesorgt sein. Ein fast leer gekaufter Messestand kann zwar als Beleg für Erfolg verstanden werden, doch für weitere Verkäufe fehlen dann die Auswahl und das Potenzial. Daher ist es sinnvoll, vor der Teilnahme an einer Verkaufsausstellung die Lagermöglichkeiten für zusätzliche Werke zu klären.

Dies ist umso wichtiger, wenn sich der Messestandort weit weg vom Atelier befindet, etwa in einer anderen Stadt oder einem anderen Land. Lieber also gleich für den ohnehin schon kostspieligen Transport ein paar Werke mehr einplanen, so dass man keine Verkaufschance vor Ort verpasst!

optimal zu den Räumen passt. Künstler sollten zudem gebeten werden, nicht nur die vereinbarte Mindestmenge an Werken anzuliefern, sondern einige zusätzliche Arbeiten. So kann einerseits unmittelbar auf die Raumsituation reagiert werden. Andererseits kann bei einem Verkauf während der Ausstellung der Käufer das Bild sofort mitnehmen und die Lücke sofort wieder geschlossen werden.

Werden Arbeiten auf Papier geliefert, die für die Präsentation noch eingerahmt und ggf. mit Passepartout versehen werden sollen, muss für diese Arbeiten eine ausreichende Zeit einkalkuliert werden. In der Regel sind dann zwei bis drei Wochen Vorlauf sinnvoll, sofern ausreichend Wechselrahmen und Einrahmungsmaterialien (Passepartoutkarton) vorhanden sind oder rechtzeitig vorher besorgt werden. Müssen Bilderleisten, Glas, Passepartoutkarton etc. angefordert werden, erleichtert die rechtzeitige Abstimmung mit den entsprechenden Lieferanten die Planung.

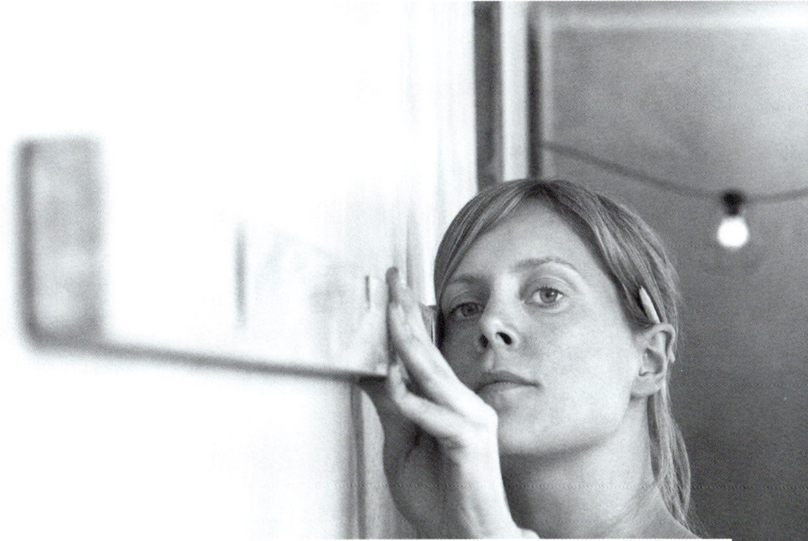

Eine gute Organisation (Materialien, Helfer, Werkzeuge etc.) im Vorfeld gewährleistet einen reibungslosen Aufbau der Ausstellung.

Von der Vernissage bis zur Finissage

Bis zum Vernissagetermin sind bei guter Planung alle Vorbereitungen abgeschlossen. Das Catering ist bestellt, die Getränke sind gekühlt, kleine Aufmerksamkeiten für die Redner stehen ebenso bereit wie saubere Gläser, Geschirr- und Spültücher, Servietten und Mülleimer. Die sanitären Anlagen sind überprüft und großzügig mit Toilettenpapier, Handtüchern oder Einwegtüchern ausgestattet.

Die Ausstellungslisten und Presseinformationen sind ausgedruckt und liegen bereit – alles ist vorbereitet für das große Eröffnungsfest. Wenige Tage vor der Vernissage wird der Termin nochmals telefonisch bei allen offiziell Beteiligten rückversichert – dem Redner, den Musikern, dem Schirmherrn, wichtigen erwarteten Gäste, dem Fotografen und den Medienvertretern. Liegt der Anlieferungstermin der Werke mehrere Tage vor der Vernissage, ist auch ein erneuter Kontakt zu den Künstlern sinnvoll, um sie auf die Eröffnung einzustimmen.

Zur Vernissage sollte ein Gästebuch ausliegen, Visitenkarten oder ein Flyer des Veranstalters und die Ausstellungsliste. Für den Katalogverkauf wird eine Kasse benötigt, die mit ausreichend abgezähltem Wechselgeld bestückt ist. Außerdem sollte der Katalogverkauf von einer Hilfskraft zuverlässig betreut werden. Jeder sollte seine Aufgabe kennen und eingewiesen sein – auch der Fotograf, der wissen sollte, worauf es seinem Auftraggeber besonders ankommt. Sonst werden am Ende im Trubel die pressetauglichen Fotos der Künstler vor ihren Werken vergessen, die möglichst bereits vor dem offiziellen Teil entstehen sollten, sowie das Gruppenfoto mit VIPs.

Als Gastgeber souverän durch die Vernissage führen

Wenn alles professionell vorbereitet ist, kann sich der Gastgeber auf seine Hauptaufgabe konzentrieren: Die Gäste persönlich zu begrüßen, vor allem für VIPs und Presse zur Verfügung stehen und den Ablauf des Programms koordinieren. Letzteres ist nicht immer ganz einfach und verlangt Fingerspitzengefühl.
Wer mehrere Vernissagen in einer Stadt erlebt hat, weiß in der Regel, wie das Publikum zu verschiedenen Zeiten einzuschätzen ist – pünktlich oder eher um das akademische Viertel zu spät. Es ist auch möglich, neue Wege zu gehen und zwei Zeiten anzugeben, etwa: Einlass und Sektempfang um 18 Uhr, Eröffnung um 18.30 Uhr.

Um unnötige Verzögerungen zu vermeiden, sollten Redner, Schirmherren und andere für die Eröffnung unerlässliche Personen gebeten werden, möglichst 15 Minuten vor der offiziellen Begrüßung einzutreffen. Dies gilt auch für die Künstler, soweit sie nicht für letzte Abstimmungen noch früher eintreffen sollten. Spezielle Fotoaufnahmen mit dem Künstler oder wichtigen Persönlichkeiten sollten rechtzeitig vor der Vernissage abgeschlossen sein, um in den Ausstellungsräumen hierfür noch genügend Platz und Ruhe zu haben.

Um unnötige Verzögerungen zu vermeiden, sollten Redner, Schirmherren und andere für die Eröffnung unerlässliche Personen gebeten werden, möglichst 15 Minuten vor der offiziellen Begrüßung einzutreffen.

Der offizielle Teil der Eröffnung sollte nicht zu lange herausgezögert werden, selbst wenn Gäste fehlen. Ein aufmerksamer Organisator merkt schnell, wenn die Anwesenden unruhig werden, und sollte bei einer sich anbahnenden Verzögerung – etwa weil der Redner sich doch verspätet – rechtzeitig eine kurze Information geben. Eventuell kann auch die Reihenfolge umgestellt und nach ein paar Worten der Begrüßung mit einem Musikbeitrag begonnen werden.

Nach dem offiziellen Part ist der Ausstellungsmacher gefordert, um Nachzügler zu begrüßen und auf die Fragen und Wünsche von Gästen einzugehen. Bei einer Verkaufsausstellung, insbesondere wenn sie rege Nachfrage erhoffen lässt, ist es daher sinnvoll, für die reine Abwicklung der Abschlüsse Unterstützung zu organisieren, damit sich der Veranstalter nicht um das Schreiben von Quittungen, Reservierungen, Rechnungen o.ä. kümmern muss.

Dies gilt selbstverständlich auch für das Catering und die Garderobe, wobei der Gastgeber es nicht versäumen sollte, zumindest die für die eigenen Ziele wichtigen Personen auch persönlich zu verabschieden und sich für den Besuch zu bedanken.

Laufzeit der Ausstellung und Finissage

Wie lange die Ausstellung zu sehen ist, hängt zunächst davon ab, wie die Räume verfügbar sind und welche Mietkosten anfallen. Neben Kurzveranstaltungen von nur einem Wochenende sind Laufzeiten von zwei bis sechs Wochen üblich. In dieser Zeit kann über Besprechungen in den Medien neues Publikum angelockt werden.

Zusätzliche Programmpunkte während der Laufzeit sind ebenfalls geeignet, das Interesse wachzuhalten. So kann zu einer Matinee mit den Künstlern eingeladen oder eine Führung angeboten werden. Während der Laufzeit bietet es sich auch an, exklusive Abende für spezielle Interessentengruppen in der Ausstellung zu organisieren – etwa für Vereine

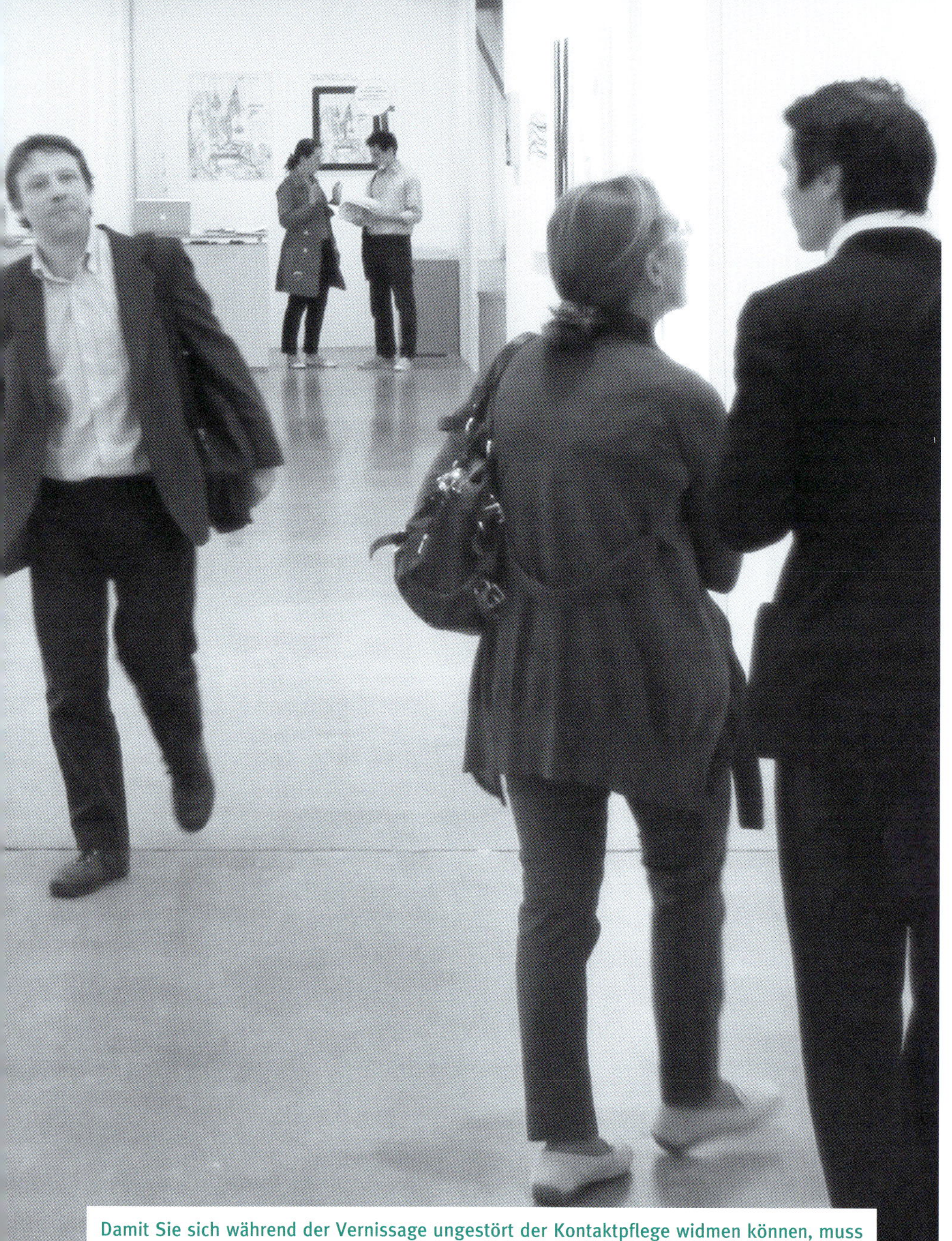

Damit Sie sich während der Vernissage ungestört der Kontaktpflege widmen können, muss im Vorfeld alles erledigt und gut organisiert worden sein. Sorgen Sie immer für genügend Helfer, die Sie dabei unterstützen können.

und Verbände, Wirtschaftsvereinigungen und Unternehmen.

Wer diese Option nutzen möchte, sollte das Angebot jedoch nicht erst nach der Eröffnung unterbreiten, sondern möglichst mit mehreren Wochen oder gar Monaten Vorlauf. So organisieren beispielsweise regionale Journalisten- und andere Berufsvereinigungen regelmäßig Gesprächsrunden für ihre Mitglieder und nehmen dazu auch interessante Angebote von außen auf.

Legen Sie bei Ausstellungen ein Gästebuch aus und bitten Sie die Gäste, sich mit Ihrer vollständigen Adresse einzutragen. So gelangen Sie an Anschriften kunstinteressierter Gäste für die nächste Ausstellung.

Eine Finissage als Abschlussfest bietet sich unter verschiedenen Gesichtspunkten an. Wenn die Ausstellung ein großes Interesse gefunden hat, kann sie durch eine Finissage als feierlicher Schlussakkord beendet werden. Hat sich während der Vernissage gezeigt, dass wichtige Interessenten den Termin nicht wahrnehmen konnten, oder läuft die Ausstellung relativ schleppend, kann mit einer Finissage nochmals für Aufmerksamkeit gesorgt werden. Eine solche Abschlussveranstaltung sollte auf jeden Fall rechtzeitig angekündigt werden. Je nach Größe der geplanten Finissage genügen Presseinformationen, Auslagen in der Ausstellung und an ausgesuchten anderen Orten sowie ein deutlich sichtbarer Hinweis auf den Ausstellungsplakaten und der Website.

Nachwort

Bei vielen Veranstaltern sind die Kräfte nach der Vernissage, spätestens aber nach dem Abbau der Ausstellung aufgezehrt. So wird die Nachbereitung aufgeschoben oder gar ausgelassen. Wer professionell im Markt auftreten möchte, sollte sich diese Nachlässigkeit nicht erlauben.

Wer ein Ausstellungsprojekt gut abschließen möchte, kann bereits bei der Vorbereitung hilfreiche Informationen sammeln und zusammenstellen, etwa:

- Leihgaben. Es lohnt sich, eine Liste aller Leihgaben mit Leihgebern und Rückgabeterminen zu erstellen. Wer umgehend nach der Vernissage aufräumt und sich für die Überlassung angemessen bedankt, kann bei der nächsten Veranstaltung erneut auf Unterstützung hoffen.

- Förderer und Mitwirkende. Eine Bilanz mit einem Dank für die Unterstützung gehört zu einem guten partnerschaftlichen Verhältnis zu allen Förderern wie Geldgebern, VIPs, Jurymitgliedern, Rednern, Schirmherren und – nicht zu vergessen – den beteiligten Künstlern und Helfern. Erwarten Geldgeber einen Verwendungsnachweis für bewilligte Mittel, so wird dieser Nachweis umgehend nach der Ausstellung erstellt und eingereicht. Dies ist eine vertragliche Gegenleistung, die unbedingt und ohne Verzögern erfüllt werden sollte.

- Archiv. Ein Pressespiegel, wichtige Zitate und Rückmeldungen sind wertvolles Archivmaterial für künftige Bewerbungen und Kontakte. Die systematische Ablage ist eine Investition in die Zukunft.

- Abrechnungen. Die finanzielle Seite der Ausstellung will ebenfalls abgeschlossen werden. Alle offenen Posten wie Miete, Honorare, Verkaufserlöse etc. sollten umgehend abgerechnet werden.

- Adressverteiler. Alle noch nicht eingepflegten Adressen werden in den Adressverteiler aufgenommen. Wichtige neue Kontakte werden entsprechend gekennzeichnet. Fragen, die beispielsweise während der Vernissage nicht beantwortet werden können, werden nun bearbeitet.

- Kooperationsangebote. Oft ergeben sich während einer Ausstellung Kontakte und neue Kooperationsangebote. Es ist sinnvoll, die entsprechenden

Personen kurz nach der Veranstaltung zu kontaktieren, Interesse zu bekunden und das weitere Vorgehen zu besprechen.

- Persönliche Bilanz. Sind alle offenen Positionen abgehakt, geht es zur persönlichen Bilanz: Welche Schritte waren erfolgreich, wo gibt es Verbesserungsmöglichkeiten, welche Kontakte waren hilfreich?

Nach einem solchen Abschluss ist der Kopf wieder frei für neue Ideen und Konzepte. Es kann weitergehen im Ausstellungsgeschäft.

Leitfaden
Kunstaustellungen organisieren
von A bis Z

Kunstaustellungen organisieren von A bis Z

A

Adressverteiler

Gutes Adressmaterial ist das Herzstück der Öffentlichkeitsarbeit und ein wichtiger Erfolgsfaktor. Daher lohnt sich die Investition in ein Adressverwaltungsprogramm. Für eine gezielte Öffentlichkeitsarbeit genügen die Angaben Anrede, Vorname, Name, Straße, PLZ und Ort in der Regel nicht. Sinnvoll ist es, weitere Informationen zu speichern und VIPs zu kennzeichnen. Zu den relevanten Daten gehören Titel, Beruf, die Zugehörigkeit zu Institutionen oder Firmen mit Website, die Position innerhalb dieser Organisationen sowie Termine und besondere Hinweise (erstes Kennenlernen, Gesprächsnotizen, Vereinbarungen etc.). Für die Kommunikation werden private und dienstliche Telefonnummern, Mobilnummern und E-Mail-Adressen hinterlegt. Eine Arbeitserleichterung ist es, wenn die Adressdaten direkt mit einem Terminplaner verknüpft werden können, sodass Kontaktdaten sofort bei einem Termin angezeigt werden. Die Adresspflege ist relativ zeitaufwändig, aber wertvoll. Sie sollte daher als festes Element in die Ausstellungsplanung integriert werden. Zu den interessanten Persönlichkeiten, die in keiner Adressdatei fehlen sollten, gehören Kunstexperten, Galeristen, Entscheider in der Verwaltung (Bürgermeister, Kulturamtsleiter, Kulturbeauftragte, Verantwortliche der Wirtschaftsförderung etc.), alle Presse- und Medienkontakte, Leiter der Kulturinstitutionen wie Museen, Kunstvereine, Theater, Bühnen, Musikschule etc., Ansprechpartner in Geldinstituten, wichtigen Unternehmen und Berufsvereinigungen, offizielle Netzwerke, Kammern, Kunstsammler, bisherige Kunden, Förderer und Interessenten sowie alle Personen, die die Ausstellung unterstützen.

Ausstellungsaufbau

Bei aller Planung ist die Hängung und Platzierung der Exponate der entscheidende Moment beim Ausstellungsaufbau. Hängefertige Werke sollten spätestens zwei bis drei Tage vor dem Aufbautermin eintreffen; Kunstwerke, die gerahmt werden müssen, entsprechend früher. Der Aufbau von Installationen sollte ebenfalls mit einem größeren Vorlauf terminiert werden, um bei Schwierigkeiten noch reagieren zu können. Sinnvoll ist es, mehr Arbeiten anzufordern, als in der Ausstellung Platz finden. So schafft man sich eine Auswahl, um beim Aufbau die optimale Wirkung zu erzielen. Beim Auspacken der Werke lohnt sich die Mühe, das Verpackungsmaterial zu kennzeichnen, um es später leicht den entsprechenden Exponaten zuordnen zu können. Dies spart beim Abbau Zeit und Material. Der Aufbau selbst beginnt mit einer Stellprobe. Zunächst werden die Bilder an den Platz auf den Boden gestellt, wo sie später hängen sollen. Am leichtesten ist es, wenn zunächst besondere Wände ausgewählt und bestückt werden – etwa die Einstiegswand gegenüber dem Eingang,

Basisdaten zur Person

Vorname:	Peter	PLZ	12345
Name:	Mustermann	Ort:	Musterstadt
Titel:	Prof.	Bundesland:	NRW
Funktion:	Vorstand	Telefon privat:	0 12 34/56 78
		Telefon dienstl.:	0 12 34/91 01
Straße:	Musterstraße	Mobil:	01 63/56 78
Hausnr.:	52	Website:	www.musterseite.de

Kontaktinformationen

Empfehlung von:	Peter Mustermann	Termine:	1. Treffen: 27.04.09
Gemeinsame Kontakte:	Herr Mustermann Frau Muster		
Kunstrichtung:	Moderne Kunst Abstrakt		

Aktionsinformationen

Verteiler allgemein	✗	Vereinbarungen:	Einladung immer an die Schillerstr. 15
Verteiler VIP	☐		
Potenzieller Sponsor	✗		

Neben den Basisdaten, die weitestgehend für jede Person erfasst werden sollten, müssen die weiterführenden Informationen nicht zu allen Personen notiert werden. Sinnvoll ist es aber, zumindest den Kontakt zu wichtigen Personen wie Medienvertretern, Käufern und Sammlern, Ausstellungsmachern, Rednern, Museumsmitarbeitern, Galerien und anderen Multiplikatoren sowie wichtige Zielgruppen genauer zu dokumentieren. Dies erleichtert die Kontaktpflege, die als Grundlage für langfristigen Erfolg und neue Projekte zu bewerten ist.

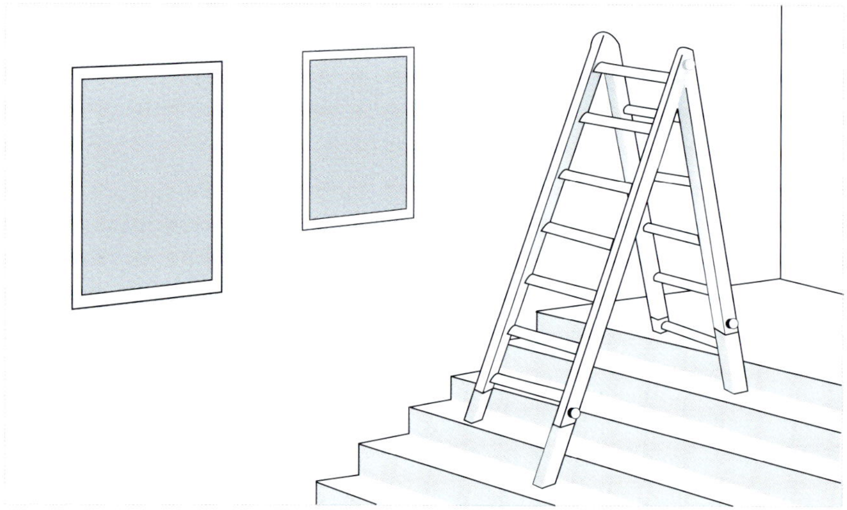

Für die einfache Hängung in Treppenhäusern und unebenem Gelände gibt es spezielle Leitern in unterschiedlichen Höhen, deren Füße individuell verstellt werden können.

wo möglichst das Hauptwerk als Blickfang positioniert wird. Für besonders kleine oder hohe Wände ergeben sich meist schnell eindeutige Lösungen. Werkgruppen benötigen eine ausreichend große Fläche, um zusammen präsentiert zu werden, andere Werke brauchen Abstand, um wirken zu können. So kann man sich entweder Wand für Wand vorarbeiten oder von den Werken ausgehend zunächst die besonderen Exponate platzieren und anschließend die übrigen Hängebereiche füllen. Auch dabei werden die Bilder auf den Boden an ihren späteren Platz gestellt und so lange ausgetauscht und verschoben, bis ein stimmiges Bild entsteht. Erst dann wird mit dem Hängen begonnen. Wenn alle Bilder hängen und gut ausgeleuchtet sind, werden die Sockel für Skulpturen aufgestellt. Hier ist auf Standsicherheit und die Laufwege der Besucher zu achten. Nur wirklich standfeste Arbeiten, die nicht versehentlich umgestoßen werden können, sollten mitten im Raum platziert werden. Auch hier wird zum Schluss die Beleuchtung ausgerichtet, wobei Spots die Aufmerksamkeit auf plastische Arbeiten lenken. Schließlich wird die Beschriftung der Werke angebracht. Wer mit Nummerierung und Handzettel arbeitet, sollte auf eine logische Nummernfolge achten und die Ausstellungsliste erst nummerieren und ausdrucken, wenn die Werke ihren Platz im Raum gefunden haben.

Ausstellungskonzeption

Gezielte Planung einer Ausstellung und ihrer Realisation. Zur Ausstellungskonzeption gehört neben der inhaltlichen Idee die Planung aller Arbeitsschritte bis zum Abschluss der Präsentation. Die einzelnen Arbeitsschritte werden aufgelistet und mit dem geschätzten Zeitaufwand geplant. Wichtig ist es, Abhängigkeiten und die Reihenfolge zu definieren. Eine Musterkonzeption enthält die Umschlagseite dieses Buches.

Ausstellungsverträge

Vereinbarungen, die in Zusammenhang mit einer Ausstellung mit den verschiedenen Partnern geschlossen werden. Der klassische Ausstellungsvertrag wird zwischen dem Ausstellungsorganisator und den an der Präsentation beteiligten Künstlern geschlossen. Hierbei sollten folgende Punkte geregelt werden:

1. Titel, Ort und Zeitraum der Ausstellung, ggf. mit Öffnungszeiten;
2. Art der Ausstellung (z.B. Gruppen- oder Einzelausstellung);
3. soweit auszustellende Werke noch nicht veröffentlicht wurden, räumt der Künstler dem Veranstalter das Ausstellungsrecht ein;
4. Regelung darüber, wer über die Auswahl und Präsentation der Werke entscheidet;
5. bei einer Verkaufsausstellung alle Ver-einbarungen rund um den Verkauf, insbesondere ob der Verkäufer als Kommissionär oder Vermittler auftritt, Zahlungsmodalitäten für Käufer, Abrechnungsmodalitäten inkl. Angabe von Zahlungsart, Kontoverbindung, Abrechungsterminen etc., Provision, Anspruch auf (Auslagen-) Erstattungen;
6. Vereinbarung über die Art und den Umfang der Werbemaßnahmen für die Ausstellung inkl. der Einräumung von Nutzungsrechten (Abbildungen auf Plakaten, in Flyern, Katalogen etc.);
7. Ort und Zeitpunkt der Übergabe und der Rückgabe der Kunstwerke;
8. Regelung über den Transport und die Transportkosten;
9. Regelung der Versicherung;
10. Regelung der Haftung für die Kunstwerke;
11. Mitwirkungspflichten des Künstlers, etwa die Anwesenheit bei der Vernissage;
12. Anlage mit allen Werken, die für die Ausstellung eingeliefert werden, mit den Angaben von Titel, Technik, Format, Preis (auch wenn es sich nicht um eine Verkaufsausstellung handelt, um dann die Ausstellung angemessen zu versichern), ggf. Vorschäden oder besondere Infos für den Umgang mit den Werken.

Weitere Verträge rund um die Ausstellung sind erforderlich, wenn Räume gemietet werden, Redner, Musiker, Helfer etc. engagiert werden, ein Sponsoring oder Kooperationen vereinbart werden sowie zu Transport und Versicherung der Werke.

Ausführliche Informationen zu rechtlichen Themen für Künstler und zum

Kunstmarkt sowie Musterverträge bieten die beiden Bände „Wie Künstler erfolgreich ihre Rechte verteidigen“ und „Rechtssicherheit im Kunstmarkt“.

B

Beleuchtungssysteme

Licht ist ein zentrales Element für die Inszenierung von Kunstwerken. Daher verfügen Räume, die regelmäßig für Ausstellungen genutzt werden, meist über verschiedene Beleuchtungssysteme. Erforderlich ist eine ausreichende, möglichst farbneutrale Grundbeleuchtung der Räume. Hinzu kommen Spots, um die Plastizität von Skulpturen mit Licht zu unterstreichen und einzelne Werke in Szene zu setzen. Grundsätzlich empfehlen sich Halogensysteme, die es inzwischen auch als Energiesparlampen gibt. Sie sind günstig im Stromverbrauch und können mit unterschiedlichen Strahlern bestückt werden – entweder mit weitem Streuwinkel für eine Grundbeleuchtung oder als Spot mit geringem Abstrahlwinkel. Ist in einem temporären Ausstellungsraum keine ausreichende Grundbeleuchtung vorhanden, können mobile Wandstrahler oder Deckenfluter aufgestellt werden. Zum Teil besteht die Möglichkeit, variable Beleuchtungssysteme bei anderen Kultureinrichtungen wie Theatern, Bühnen oder regionalen Veranstaltern auszuleihen.

Beschriftung

Auszeichnung der Exponate in der Ausstellung mit allen wichtigen Informationen. Die Beschriftung von Kunstwerken wird sehr unterschiedlich gehandhabt. Viele Galerien sind dazu übergegangen, die Werke lediglich zu nummerieren und die Angaben wie Titel, Entstehungsjahr, ggf. Werkgruppe, Künstler, Technik, Format und Preis auf einer Werkliste zu verzeichnen und auszulegen. Andere Aussteller liefern diese Angaben auf einem diskret gestalteten Hinweis direkt neben dem Kunstwerk. Beides hat Vor- und Nachteile. Der Hinweis direkt neben dem Kunstwerk wird von mehr Besuchern wahrgenommen. Die Liste wiederum wird oft von Ausstellungsbesuchern mitgenommen, hält die Erinnerung an die Ausstellung länger wach und kann auch noch später als Entscheidungshilfe dienen. Die Kombination beider Möglichkeiten – Beschriftung am Bild und ausgelegte Ausstellungsliste – ist ebenfalls möglich und sinnvoll. Neben der Beschreibung einzelner Arbeiten können in Gruppenausstellungen die Namen der Künstler deutlich hervorgehoben werden, um sie den Werken schnell zuordnen zu können.

Bilddateien

Unter den Sammelbegriff für digitale Abbildungen fallen unterschiedliche Bildarten und Formate (Digitalisieren). Am häufigsten werden in der Ausstellungsdokumentation und -präsentation digitale Fotografien verwendet. Grundsätzlich gilt: Gute Druckergebnisse

Titel der Ausstellung

- Werknummer in der Ausstellung
- Künstlername
- Titel der Arbeit u. Entstehungsjahr
- Technik
- ggf. Format, ggf. Rahmung
- Preis (ggf. mit Rahmen/Sockel)

Muster einer Beschriftung, die in der Ausstellung neben einem Bild oder einer Skulptur angebracht wird. Alternativ oder ergänzend dazu können auch Preislisten ausgelegt werden. In dem Fall sind die künstlerischen Arbeiten durchnummeriert. Preislisten haben den Vorteil, dass sie von interessierten Besuchern häufig mitgenommen werden und zu späteren Kaufentscheidungen führen.

werden mit einer Auflösung von 300 dpi (60er Raster) bzw. 406 dpi (80er Raster) erzielt, für die Darstellung im Internet genügen 72 dpi. Die Bilddatei muss diese Auflösung in der erforderlichen Abbildungsgröße aufweisen. Bilddaten können als jpeg- bzw. jpg-Dateien (gängiges Fotoformat) verarbeitet werden, sollten aber nicht mehrfach bearbeitet und gespeichert werden, da sich durch die wiederholte Komprimierung ein Qualitätsverlust ergibt. Alternativ empfiehlt sich das TIF-Format, das ein weitgehend verlustfreies mehrfaches Speichern ermöglicht. Kameras liefern Bilddaten im Farbmodus RGB. Gedruckt wird in der Regel im Vierfarbdruck CMYK. Manche Digitaldruckereien können sowohl rgb- als auch cmyk-Dateien verarbeiten. Auskunft über die gewünschte Einstellung für einen Druckauftrag gibt jede Druckerei.

Bildrechte

Wer Fotografien nicht nur privat, sondern beruflich nutzt, muss hierfür über die entsprechenden Rechte verfügen. Bei Fotografien von Kunstwerken sind sowohl die Rechte des Künstlers als auch des Fotografen betroffen, bei Fotos einzelner Personen sind die Persönlichkeitsrechte der Abgebildeten und die Urheberrechte des Fotografen relevant. Ein Ausstellungsorganisator sollte sich von den beteiligten Künstlern die Rechte einräumen lassen, Abbildungen ihrer Werke im Zusammenhang mit der Ausstellung – möglichst auch über die Laufzeit der Ausstellung hinaus – kostenfrei nutzen zu können. Dieses Recht sollte für Nutzungen eingeräumt werden, die zur Bewerbung der Ausstellung, zur Nachbereitung und zur Selbstdarstellung des Ausstellungsorganisators oder seiner Institution erforderlich sind. Nicht eingeschlossen ist die kommerzielle Nutzung – etwa das Verlegen von Postkarten, Postern usw. Hierüber müsste ein separater Lizenzvertrag geschlossen werden. Von dem Fotografen sollte sich der Ausstellungsorganisator ebenfalls die entsprechenden Bildrechte an Fotos einräumen lassen, die zur Bewerbung und Nachbereitung der Ausstellung nötig sind. Es ist hilfreich, mit den Beteiligten zu besprechen, wie die Abbildungen jeweils genutzt werden sollen (z.B. für die Pressearbeit, die Ankündigung und Dokumentation im Internet, für Flyer, Einladungen, Katalog etc.). Oftmals stellen Künstler Ausstellungsmachern Bilddateien ihrer Werke zur Verfügung, ohne den Fotografen zu benennen. Eine Verwendung solcher Bilder sollte erst erfolgen, wenn mit dem Fotografen eine Vereinbarung getroffen ist.

C

Catering

Dieser Begriff hat sich für eine Dienstleistung eingebürgert, die für die Bewirtung von Gästen einen kompletten Service anbietet. Meist wird nach erwarteter Personenzahl aufgetischt und abgerechnet. Auf Wunsch kann auch Personal gestellt werden. Für eine Vernissage kann ein professionelles Catering zu einem erheblichen Kostenfaktor werden. Daher lohnt es sich, über Alternativen nachzudenken. Wer keinen Kooperationspartner für Getränke und Speisen findet, kann durch Einkauf bei Winzern und in Supermärkten günstige Weine und Sekte erstehen. Doch statt blind einzukaufen, sollte vor dem Großeinkauf getestet werden. Bei persönlichem Kontakt ist es oft möglich, Getränke in Kommission zu nehmen und nur abzurechnen, was getrunken wurde. Wer im Supermarkt einkauft, kann die Getränke – ob Säfte oder Alkoholisches – in Karaffen umfüllen, was grundsätzlich edler aussieht. Bei den Speisen ist es sinnvoll, nicht nach Personenzahl, sondern nach Menge zu bestellen – etwa drei Kuchenbleche oder fünf Pizzableche und fünf Vorspeisenplatten. Für Fingerfood sollten ausreichend Servietten und Papierkörbe vorhanden sein.

Corporate Design

Einheitliche Gestaltung des Außenauftritts für ein Unternehmen, eine Person, ein Ereignis etc. Große Ausstellungen können in der Presse- und Öffentlichkeitsarbeit mit einem Corporate Design hervorgehoben werden. Meist wird ein zentrales Bild als durchgängiges Motiv ausgewählt, bei sehr großen Ausstellungen kann auch ein Logo mit integriertem Ausstellungstitel erarbeitet werden. Außerdem wird eine einheitliche Schrifttype für alle Informationen ausgewählt sowie ein einheitliches Farbkonzept entworfen. Alle Drucksachen (Briefpapier, Visitenkarten, Einladungen, Katalog, Plakate etc.) sowie alle elektronischen Mitteilungen und die Website werden entsprechend den Gestaltungskonventionen umgesetzt. Während ein Corporate Design für eine einzelne Ausstellung relativ aufwändig und daher bisher eher selten ist, lohnt sich der Entwurf eines einheitlichen Außenauftritts für Ausstellungsorte, die über einen längeren Zeitraum genutzt werden. Die einheitliche Gestaltung erleichtert das Wiedererkennen (Markencharakter), unterstreicht Professionalität und auch das selbst gewählte Image.

D

Digitalisieren

Abbildungsmaterial ist das wichtigste Marketinginstrument für bildende Kunst. Liegen Aufnahmen früherer Werke nicht als digitale Bilddateien vor, so sollten zumindest Abbildungen der wichtigsten Werke, die als Dias oder Fotoabzüge vorhanden sind, professionell digitalisiert werden. Sofern Druckereien die Scans der Bilder für einen Katalog übernehmen, ist es sinnvoll, die spätere Herausgabe oder das Archivieren der Feindaten zu vereinbaren. Die Reproduktionen sollten zumindest im selben Format wie die Vorlage erfolgen, auch wenn im Druck eine kleinere Abbildung benötigt wird, um später mehr Verwendungsoptionen zu haben. Alternativ zu einer Druckerei können Angebote zur Digitalisierung in guten Fotogeschäften und Fachlaboren eingeholt werden. Die auf CD gelieferten Daten sollten umgehend mehrfach gesichert werden – durch Brennen mindestens einer Kopie und Speichern auf Festplatte.

Digitaldruck

Druckverfahren, bei dem das Druckbild direkt vom Computer auf das Druckmedium (meist Papier) übertragen wird. Vereinfacht dargestellt lässt sich der Digitaldruck mit einem Farbdruck mit großen Druckmaschinen vergleichen. Der Digitaldruck ermöglicht die kostengünstige Produktion kleiner Druckauflagen, da die Herstellung von Druckplatten – wie beim Offsetdruck – nicht erforderlich ist. Wirtschaftlich interessant ist der Digitaldruck in der Regel maximal bis 500 Exemplare eines Druckstücks. Darüber lohnt es sich auf jeden Fall, ein Vergleichsangebot im Offsetverfahren einzuholen. Qualitativ ist der Offsetdruck dem Digitaldruck überlegen. Zudem gibt es im Digitaldruck – wie im Offsetdruck – große Qualitätsunterschiede zwischen den Druckereien, sodass vor einem Auftrag unbedingt Druckmuster angefordert und geprüft werden sollten. Im Kunstbetrieb ermöglicht der Digitaldruck u.a. die preiswerte Produktion von Werkdokumentationen ab einem Exemplar. Viele auf Digitaldruck spezialisierte Druckereien bieten

TIPP

Ein einprägsames Kunstwerk, das später sehr zentral in der Ausstellung platziert wird und möglichst verkäuflich sein sollte, fungiert als sogenanntes „Key-Visual" der Ausstellung. Es wird auf allen Informationen verwendet, die nach außen gehen. Wichtig ist daher, dass das Motiv sowohl in einem kleinen Format als auch in Schwarzweiß klar (wieder-)erkennbar ist. Wer die Wirkung eines Motivs testen möchte, sollte dies nicht nur am Computerbildschirm tun, sondern möglichst mit einem Ausdruck in den geplanten Größen.

Für alle Informationen werden im Corporate Design durchgehend einheitliche Schriften verwendet. Für den Ausstellungstitel kann eine ausgefallene Schrift gewählt werden. Gibt es eine Hausschrift oder ein Logo des Ausstellungsortes bzw. des Veranstalters, so werden diese nach Möglichkeit verwendet.

Im einheitlichen Design werden in der Regel angelegt:

- Briefpapier
- Visitenkarten
- Einladungskarten
- Poster/Plakate
- Website
- Werkliste für Ausstellungsbesucher
- Presseinformationen
- Anzeigen
- Banner
- alle übrigen Werbemittel und Informationsmaterialien

Ziel eines Corporate Designs ist es, die Wiedererkennbarkeit und damit die Aufmerksamkeit und Resonanz zu steigern. Bereits durch die frühzeitige Festlegung auf ein zentrales Werk, das durch alle Medien kommuniziert und verbreitet wird, kann ein solcher Effekt erzielt werden.

ihren Service als Online-Angebot im Internet an und liefern für bestimmte Produkte kostenlose Layoutsoftware.

Druckaufträge

Die Aufträge an Druckereien als Dienstleister für die Produktion von Einladungskarten, Plakaten, ggf. einem Katalog sind bedeutende Größen im Ausstellungsetat. Hier tut sich ein Spezialfeld auf, das viele Entscheidungen abverlangt, bis das passende Ergebnis auf dem Tisch liegt. Bevor Kosten kalkuliert werden können, müssen sehr präzise Druckanfragen gestellt werden. Eine sehr gute Hilfe ist es, bereits lange im Vorfeld von Ausstellungen mit dem Sammeln von Druckmustern zu beginnen – Einladungen anderer Veranstalter, deren Papier, Format, Aufmachung etc. besonders gefällt. Die Druckanfrage selbst sollte enthalten: Format, Anzahl der Seiten, Farbigkeit (z. B. außen vierfarbig, innen schwarz), Auflage, Papiersorte, Grammatur (Gewicht des Papiers), Art der Daten, die geliefert werden. Für die Terminplanung ist entscheidend, der Druckerei den Liefertermin der fertigen Produkte zu nennen, um den Abgabetermin der Druckdaten zu erfahren. Bei der Abbildung von Kunstwerken lohnt sich oft ein sogenannter farbverbindlicher Proof, dessen Preis ebenfalls angefragt wird und in der Terminplanung berücksichtigt werden sollte. Schließlich empfiehlt es sich, Muster von Druckprodukten anzufordern, die die Druckerei für ähnliche Aufträge erstellt hat. Daran werden oft Qualitätsunterschiede deutlich, die sich aus einem Angebot nicht ergeben. Wer zu einem Produkt mehrere Preisanfragen stellt, erhält eine Preisübersicht, die ihm eine gute Kalkulation ermöglicht und die Basis für ein mögliches Nachverhandeln liefert. Neben regionalen Druckereien lohnt sich bei Standardaufträgen die ergänzende Recherche bei überregionalen Druckereien und bei Online-Druckereien. Letztere haben sich meist auf wenige Produkte spezialisiert, die sie dadurch sehr günstig anbieten können. Abweichungen von den Standards sind jedoch selten möglich, und es ist meist davon abzuraten, da die Fehlerquelle dann sehr groß ist bzw. der Kostenvorteil verloren geht.

Drucktermin

Termin, zu dem der Druckerei alle Druckunterlagen vorliegen müssen und zum Druck freigegeben sind. Wer ein Druckerzeugnis zur Ausstellung auflegen möchte, erstellt den Terminplan dazu rückwärts: Zunächst wird der Termin festgelegt, an dem das fertige Produkt am gewünschten Ort vorliegen soll. Daraus ergibt sich das Datum, bis zu dem die Druckerei den Auftrag komplett abgeschlossen haben muss. Die Druckerei ermittelt aus diesem Termin ihren Drucktermin. Der Auftraggeber sollte abfragen, bis zu welchem Datum die kompletten Druckunterlagen vorliegen müssen. Diesen Termin erhält das Grafikbüro, das wiederum seine Produktionszeit ermittelt und das Datum angibt, bis wann alle Texte und Bilder vorliegen müssen. Mit einem entsprechenden Vorlauf für Nachbesserungen werden die benötigten Fotos, Logos und Texte in Auftrag gegeben oder erstellt.

Ein Beispiel:
Die Vernissage der Ausstellung ist am 31. August. Dieser Tag fällt auf einen Sonntag. Die Einladungen sollen eine Woche vorher bei den Adressaten sein, also spätestens am Samstag, 23. August, ankommen. Da sie per Info-Post verschickt werden, kalkuliert der Veranstalter die maximale Postlaufzeit von vier Tagen ein. Es muss die Einladungskarten also am 19. August im Postamt einliefern. Wenn er die Einladungskarten von der Druckerei erhält, müssen die Karten in vorbereitete Umschläge gesteckt bzw. direkt adressiert und frankiert werden. Dafür wird ein weiterer Tag, der Montag, 18. August, einkalkuliert. Die Druckerei teilt mit, dass sie eine Arbeitswoche für den Druck und die Verarbeitung der Einladungskarten benötigt, also vom 11. bis 15. August. Vorher möchte der Veranstalter einen Proof sehen, um zu prüfen, ob alles korrekt ist. Für den Proof und die Druckfreigabe werden zwei Arbeitstage eingeplant, um Luft für Korrekturen zu haben. Die Druckerei benötigt somit die druckfähigen Daten spätestens am 6. August. Diesen Termin erhält das Grafikbüro als verbindlichen Abgabetermin an die Druckerei und kalkuliert nun, bis wann alle Informationen und Bilder für die Einladungskarte vorliegen müssen. Auch das Grafikbüro setzt eine Arbeitswoche an, um Zeit für Korrekturen zu haben. Ihm sollten also bis Dienstagabend, 29. Juli, alle Unterlagen vorliegen. Daher fordert der Veranstalter die Bilddaten und Textinformationen von den Künstlern bis spätestens Donnerstag, 24. Juli, an und reicht dabei die Vorgaben des Grafikbüros an die Qualität der Abbildungen weiter. Dieser Zeitplan lässt an einigen Stellen Luft für unvorhergesehene Änderungen und Probleme. Arbeitet man erstmals mit Künstlern, Fotografen, Textern oder Grafikern zusammen, sollte der Vorlauf möglichst größer gewählt werden, da anfangs oft mehr Abstimmungen erforderlich sind und es „Reibungsverluste“ gibt. Es ist jedenfalls wenig sinnvoll, den Zeitplan ohne Not knapper zu kalkulieren. Im Gegenteil: Wer Einladungskarten bereits früher an mögliche Interessenten verteilen und anderer Post beilegen möchte, wer Künstler mit Karten versorgen und auch einen Stapel in Institutionen wie Kunstvereinen, Museen, Theatern oder Kinos auslegen möchte, sollte noch früher mit der Produktion beginnen.

Sinnvoll ist es, frühzeitig zwischen Grafikbüro und Druckerei einen direkten Kontakt herzustellen, damit sich beide über die erforderlichen Druckdaten und Formate austauschen können. Für die zeitliche Planung ist es außerdem wichtig, Korrekturphasen einzukalkulieren: Bilder und Texte sollten frühzeitig angefordert und nach Eintreffen sofort auf Qualität geprüft werden. Oft liegen Aufnahmen nicht in ausreichender Auflösung vor und müssen neu angefordert oder erstellt werden. Auch bei Texten sind sowohl inhaltliche als auch orthografische Korrekturen die Regel. Häufig gehen Auftraggeber davon aus, dass nach der Abgabe der Korrekturwünsche die Arbeit für sie getan und das Produkt nach Korrektur druckfrei ist. Aus der Praxis kann man nur empfehlen, die Druckfahnen nach Korrektur nochmals sorgfältig zu prüfen, denn oft werden gerade unter Termindruck versehentlich nicht alle angegebenen Korrekturen ausgeführt, und es kommt auch immer wieder vor, dass durch eine Korrektur ein neuer Fehler entsteht.

E

Einladung

Je nach Größe des Einzugsgebietes werden die Einladungen zur Ausstellungseröffnung zwei bis vier Wochen vor dem Termin verschickt. Die Einladungen sollen alle wichtigen Daten und Fakten enthalten: Titel der Ausstellung, ggf. erläuternde Untertitel, Namen der ausstellenden Künstler, Veranstalter, Ort der Ausstellung, Wochentag, Datum und Zeit der Vernissage, Name der Eröffnungsredner, ggf. Namen anderer Darbietender (Musik) oder Redner, ggf. weiteres Programm der Eröffnung, Laufzeit der Ausstellung, Öffnungszeiten während der Dauer der Ausstellung, Adresse der Website und Kontaktdaten (Telefon, E-Mail). Gibt es Sponsoren, so sollte mit ihnen rechtzeitig die Form der Nennung auf der Einladungskarte abgestimmt und ggf. ein druckfähiges Logo angefordert werden. Wird ein Kunstwerk abgebildet, sollten zumindest Titel und Urheber des Werkes aus der Einladungskarte hervorgehen. Ist der eigene Adressverteiler noch klein oder stellt man erstmals in einer Stadt aus, so ist es hilfreich, Kooperationspartner zu gewinnen und alternative Einladungswege zu wählen. So kann bei der Stadt angefragt werden, ob ein Hinweis auf die Ausstellung in den städtischen Kulturverteiler aufgenommen werden kann und ob ggf. gegen Übernahme der Kosten Einladungskarten durch die Stadt an deren Verteiler verschickt werden können. Auch ein regionaler Sponsor kann die Ausstellung durch den Versand von Einladungskarten unterstützen. Nach Rücksprache ist außerdem meist die Auslage von Einladungskarten in Kunstvereinen, Museen und anderen Kultureinrichtungen möglich.

Um das Interesse an der Ausstellung abschätzen zu können und den Adressverteiler zu pflegen, kann eine Antwortkarte beigelegt werden. Über das Adressfeld der Antwortadresse sollte das Wort „Antwort“ gedruckt werden, um bei einem Rücklauf ohne Porto nur ein niedriges Nachporto zahlen zu müssen. Abgefragt wird in der Regel die Adresse des Absenders sowie wer kommt und wie viele Personen mitgebracht werden. Zusätzlich kann der E-Mail-Kontakt erfragt und ein Einverständnis zur Zusendung von Ausstellungsdaten und Informationen per Mail eingeholt werden. Wird eine solche Abfrage eingefügt, so gehört dazu auch die Versicherung, dass die Daten nicht weitergegeben und ausschließlich zu dem angegebenen Zweck genutzt werden.

Einzelausstellung

(auch One-Man-Show bzw. One-Woman-Show). Gezeigt werden ausschließlich Werke eines Künstlers. Ohne weitere Erläuterung liegt der Schwerpunkt meist auf aktuellen Arbeiten. Alternativ kann ein Rückblick auf das Gesamtwerk (Retrospektive) geben werden, oder es können Arbeiten einer bestimmten Schaffensperiode, zu einem Projekt oder Thema präsentiert werden. Der Ausstellungstitel bzw. Untertitel sollte Auskunft über den Inhalt der Ausstellung geben. Um das wirtschaftliche Risiko einer Einzelausstellung zu reduzieren, setzen viele Galerien hierbei meist auf Künstler, mit denen sie seit längerer Zeit zusammenarbeiten und deren Resonanz und Käuferinteresse sie getestet haben. Neue Künstler werden von professionellen Ausstellungsorganisatoren zunächst meist in einer Gruppenausstellung vorgestellt.

TIPP

Eine Einladungskarte zu einer Vernissage sollte folgende Informationen enthalten:

- Künstler
- Titel der Ausstellung
- Untertitel
- Laufzeit
- Vernissage-Termin mit Wochentag, Datum und Uhrzeit
- Hinweis auf die Anwesenheit des Künstlers
- Redner und Mitwirkende beim Rahmenprogramm
- Absender mit Anschrift, Telefon, Fax, E-Mail und Website
- Öffnungszeiten
- Titel, Künstler, Jahr, Technik und Format des abgebildeten Werkes sowie Fotograf
- ggf. ein Hinweis auf Parkmöglichkeiten, eventuell mit eigener
- Anfahrtsskizze

Exposé

Zusammenstellung aller wesentlichen Informationen über das Ausstellungsvorhaben. Ein Exposé enthält den Titel der Ausstellung, den Ort, alle wesentlichen Termine, die beteiligten Künstler, den Veranstalter, die Förderer sowie alle Personen, die öffentlichkeitswirksam mit dem Projekt verbunden sind. Als internes Papier sollte es zudem alle wichtigen Kontaktpersonen mit Telefonnummern und E-Mail-Adressen enthalten. Für die Weitergabe an mögliche Sponsoren, öffentliche Stellen (wie das Kulturamt), die Presse oder für Bewerbungen wird das Exposé jeweils individuell an die Informationsbedürfnisse der entsprechenden Empfänger angepasst.

F

Finissage

Abschlussfeier einer Ausstellung. Ziel einer Finissage ist es, nochmals die Aufmerksamkeit eines größeren Personenkreises auf die Ausstellung zu lenken. In der Regel wird eine Finissage mit einem besonderen Programmpunkt verbunden, um ausreichend attraktiv zu sein und wahrgenommen zu werden. Beispielsweise kann die Preisverleihung am Ende einer Wettbewerbsausstellung als Finissage gefeiert werden. Sowohl der besonders positive Verlauf einer Präsentation als auch das Zurückbleiben hinter den Erwartungen können ein Anlass für eine Finissage sein. So kann entweder der Erfolg gebührend und mit offiziellem Dank an alle Beteiligten und Förderer gefeiert werden – eine Ankündigung der Erfolgsbilanz in einer Pressemitteilung samt Einladung zur Berichterstattung sollte nicht fehlen. Alternativ wird mit einem interessanten Angebot wie einem Künstlergespräch, einem Künstlerfest etc. um die Gunst der Besucher geworben, die unerwartet bis dahin ausgeblieben sind. Dies ist am ehesten lohnenswert, wenn während der Vernissage ein Grund erkennbar wird, warum viele der geladenen Gäste nicht kommen konnten – etwa eine Parallelveranstaltung, ungünstige Wetterbedingungen oder ähnliches. Da auch zur Finissage eingeladen und von den Gästen zumindest ein Umtrunk erwartet wird, lohnt sich eine sachliche Kosten-Nutzen-Abwägung. Sinnvoll ist auch eine Finissage im engen Kreis, etwa für alle beteiligten Künstler einer Gruppenausstellung, wenn sie ihre Arbeiten abbauen und abholen, oder für Förderer und Sponsoren, denen zum Abschluss für ihr Engagement gedankt und die Erfolgsbilanz des Projektes präsentiert wird.

Fotos (Bilddateien)

Gutes Fotomaterial ist die Basis für jede Presse- und Öffentlichkeitsarbeit. Alle wesentlichen Inhalte und Personen, die mit der Ausstellung verbunden sind, sollten fotografiert werden. Hierzu gehören neben Künstlern und Ausstellungsorganisator auch Redner, Schirmherren und andere wichtige Persönlichkeiten, die Kunstwerke, Szenen aus der Ausstellung und natürlich die Künstler in der Ausstellung vor ihren Werken. Fotos der Künstler in ihrem Atelier eignen sich sehr gut für eine Vorberichterstattung, ein Künstlerporträt, einen Katalog oder die Einladungskarten. Dabei sind auf jeden Fall die Bildrechte zu beachten. Wer die Aufnahmen selbst erstellen möchte, arbeitet am besten mit einer Digitalkamera und stellt die höchstmögliche Auflösung (Bildqualität) ein. Ausreichend große Speicherkarte und Ersatzbatterien gehören auf jeden Fall ins Gepäck.

Kunstwerke werden möglichst unverglast fotografiert, um Spiegelungen auf der Glasoberfläche zu vermeiden. Die Aufnahmen sollten weder mit einem extremen Weitwinkel noch mit einem starken Zoom gemacht werden, um Verzerrungen zu vermeiden. Außerdem ist darauf zu achten, dass die Werke im Sucher wirklich gerade stehen (Draufsicht) und nicht verzerrt aussehen. Für Bilder empfehlen sich Aufnahmen im Freien an einem leicht bedeckten Tag. Kleinformatige, lichtunempfindliche Aufnahmen können alternativ auch gescannt werden. Professionelle Dienstleister bieten das Scannen mit höchster Wiedergabequalität auch für großformatige Werke an. Diese Bilddaten sind auch für hochwertige Kunstdrucke und großformatige Plakate geeignet. Wer Skulpturen in einer Landschaft inszenieren möchte, nutzt am besten das stimmungsvolle, weiche Licht der frühen Morgen- oder Abendstunden, bevorzugt bei gutem Wetter. Es sollte auf jeden Fall auf einen Hintergrund geachtet werden, der die Betrachtung des Kunstwerks nicht stört. Ungeeignet sind stark strukturierte Hintergründe, die einen zu geringen Kontrast zum eigentlichen Motiv aufweisen. Hier ist es sinnvoll, mit einer geringen Tiefenschärfe zu arbeiten, sodass das Kunstwerk scharf vor einem verschwommenen Hintergrund steht. Sinnvoll ist es, die Werke mehrfach mit unterschiedlicher Blendenzahl zu fotografieren. So entsteht bald ein Gefühl dafür, wie sich die Tiefenschärfe verändert.

G

Galerie

In der Regel eine kommerzielle Einrichtung zur Vermittlung und zum Verkauf von Kunst. Neben privatwirtschaftlichen Galerien werden allerdings auch öffentliche Ausstellungsräume z.T. als Galerien (Städtische Galerie) bezeichnet; sie sind dann in der Regel nicht auf den Verkauf ausgerichtet. Während im reinen Galeriebereich Werke angeboten werden, die direkt vom Künstler über die Galerie in den Markt kommen, offeriert der Kunsthandel definitionsgemäß Werke, die bereits gehandelt wurden. In der Praxis beruht das Wirtschaftskonzept von Galerien darauf, auch kunsthändlerisch tätig zu sein. Wichtige Einnahmequellen sind zudem arrivierte

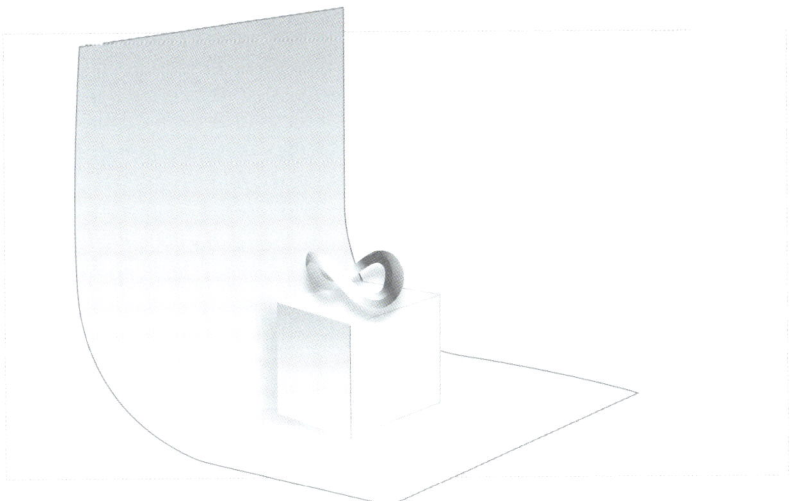

Skulpturen werden üblichweise vor sogenannten Hohlkehlen fotografiert, um einen ruhigen und gleichmäßigen Hintergrund zu gewährleisten.

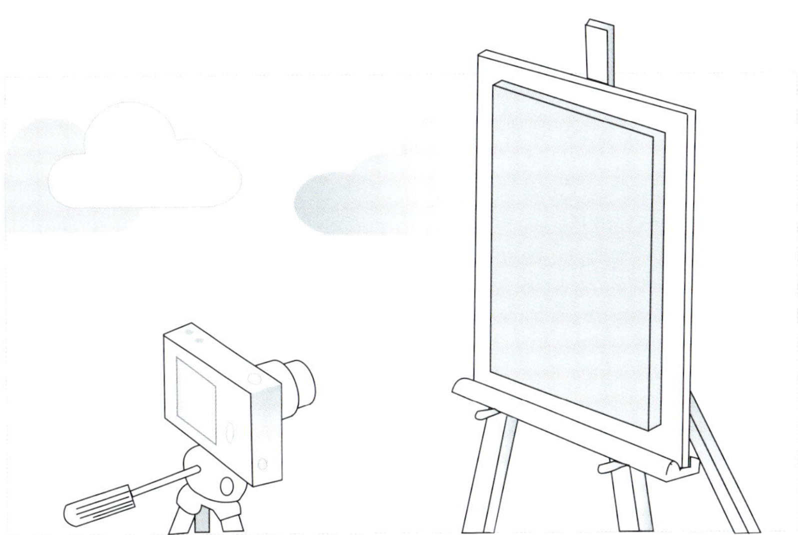

Die einfachste Methode, um die natürliche Farbigkeit des Kunstwerkes zu erfassen, ist, es bei Tageslicht draußen zu fotografieren.

Künstler. Die Vertretung und Förderung des Nachwuchses nimmt daher nur einen kleineren Teil der Galeriearbeit ein, die wirtschaftlich als Investition in die Zukunft zu betrachten ist. Für Künstler, die sich um eine Galerievertretung bemühen, ergeben sich daher eingeschränkte Erfolgsaussichten. Primär ist es entscheidend, dass ein Künstler in das Programm einer Galerie passt. Für die Galerie ist es entscheidend, ein sehr klares Profil zu entwickeln, wenn sie im Markt Anerkennung finden und auf Messen angenommen werden will. Für Künstler empfiehlt es sich daher, vor einer Bewerbung das Profil einer Galerie und ihrer Künstler genau zu studieren und zu prüfen, ob es Anknüpfungspunkte gibt. Erfolgversprechender ist ein sogenanntes Empfehlungsmarketing. Wer Persönlichkeiten im Kunstmarkt kennt, sollte sich dort erkundigen, ob diese Personen eine Galeristin oder einen Galeristen kennen, die oder den sie empfehlen können. Die persönliche Referenz ist zumindest dahingehend ein Türöffner, dass Bewerbungsunterlagen nicht als anonyme, unaufgeforderte Post betrachtet werden, sondern einen persönlichen Bezug aufweisen. Bei einer Ablehnung aus programmatischen Gründen ist es dann möglich, um einen alternativen Galerietipp zu bitten.

Galerieschienen

Hängesystem für Bilder, das eine flexible Positionierung der Werke an einer Wand ermöglicht. Die Galerieschienen werden in der Regel unterhalb der Decke auf Putz oder unter Putz montiert. Der Abstand zur Decke sollte nur wenige Zentimeter betragen, da auf dieser Höhe in der Regel keine Elektrokabel verlegt werden (bitte prüfen). Manche Modelle lassen sich in der gewünschten Wandfarbe streichen und sind dann sehr unauffällig. Es gibt deutliche Unterschiede zwischen den einzelnen Systemen. So ist es entweder möglich, neue Aufhängungen an einer beliebigen Stelle einzuhängen, oder die zusätzlichen Haken müssen vom Schienenende her eingeschoben werden. Wichtig ist auch die unterschiedliche Belastbarkeit. Bei korrekter Montage – wobei unbedingt auf das Material der Trägerwand zu achten ist – haben Galerieschienen unterschiedliche Traglasten, die bei den einzelnen Systemen angegeben und unbedingt beachtet werden sollten. Auch die Aufhängesysteme müssen passend zum Gewicht der Kunstwerke ausgewählt werden. Hierbei sind die Herstellerangaben maßgeblich. Wer in Räumen ausstellt, die nicht über ausreichendes Tageslicht und Beleuchtungsmöglichkeiten verfügen, erzielt mit Stromschienen als Kombination von Galerieschiene und Beleuchtungssystem eine variable Lösung. Je nach Abstrahlwinkel der eingesetzten Halogenlampen kann eine gezielte Spot- oder diffuse Streulichtbeleuchtung gewählt werden.

Galerievertrag

Vertrag zwischen einer Galerie und einem vertretenen Künstler. Geregelt werden die primären Pflichten sowie die

Nebenpflichten, die sich aus dem Vertrag ergeben. Die Galerie verpflichtet sich in der Regel dazu, den Künstler im Rahmen ihrer Galeriearbeit zu präsentieren und seine Werke dem eigenen Kundenstamm sowie weiteren Interessenten zum Kauf anzubieten. Im Vertrag werden die wirtschaftlichen Konditionen geregelt, wie Provisionen, Zahlungsmodalitäten an den Künstler, Versicherung der Werke, Dauer des Vertragsverhältnisses. Es kann geregelt werden, ob, wann und in welchem Turnus Ausstellungen der Werke erfolgen sollen. Die Vermittlungsarbeit der Galerie, die üblicherweise ebenfalls im Vertrag definiert wird, kann von der Werkdokumentation über die Presse- und Öffentlichkeitsarbeit bis zur Katalogerstellung reichen. Bei allen Aufgaben, deren Erledigung mit Ausgaben verbunden ist, sollte festgehalten werden, wer die Kosten trägt. Der Künstler verpflichtet sich im Galerievertrag meist, den Galeristen über sein Schaffen auf dem Laufenden zu halten, zu bestimmten Zeiten – insbesondere für Ausstellungen, Messen etc. – rechtzeitig seine Werke einzuliefern, weitere Werke in Kommission zu geben und zumindest in einem bestimmtem Umkreis um die Galerie keine eigenen Verkäufe zu tätigen oder andere Galerien zu beauftragen (Gebietsschutz). Die Exklusivität der Zusammenarbeit sollte ebenfalls klar definiert werden, um Streitigkeiten vorzubeugen. Soweit es für die Vermittlungsarbeit der Galerie erforderlich ist, räumt der Künstler ihr in der Regel auch Nutzungsrechte an seinem Werk ein – etwa die Abbildung von Werken auf der Website der Galerie auch ohne unmittelbaren Bezug zu einer Ausstellung, die Abbildung von Werken in der Verkaufswerbung der Galerie, auf Einladungskarten, zur Pressearbeit etc. Rechte für die kommerzielle Nutzung – etwa die Auflage von Postkarten – sollten gesondert geregelt werden.

Gästebuch

Blankobuch, das in einer Ausstellung ausliegt, um Besuchern einen persönlichen Eintrag zu ermöglichen. Die Einträge zu einer Ausstellung können mit einer eingeklebten Einladungskarte eröffnet werden. Damit darunter nicht eine leere Seite die Gäste von einem Eintrag abhält, können Ort und Datum der Vernissage handschriftlich eingetragen werden. Gut schreibende Stifte sollten stets bereit liegen. Es lohnt sich, ein Klappkärtchen mit einer kurzen Begrüßung und dem Dank für den Eintrag neben das Gästebuch zu stellen. Hinzu kommt die Aufforderung, die Adresse einzutragen, wenn man zu weiteren Veranstaltungen eingeladen werden möchte. Das Gästebuch erfüllt dann mehrere Aufgaben: Es dokumentiert die Ausstellungstätigkeit einer Galerie oder eines Künstlers, durch die Einträge können neue Adressen für die Adressdatenbank gewonnen werden, man erhält Kommentare zu der Ausstellung und einen Überblick über zumindest einen Teil der Gäste, die zur Vernissage oder während der Laufzeit gekommen sind.

Glas (auch Bilderglas)

Viele Kunstwerke werden hinter Glas präsentiert. Neben Arbeiten auf Papier, Seide oder anderen empfindlichen Materialien sowie Fotografie können auch pastose Gemälde und Materialcollagen hinter Glas gerahmt werden, um Beeinträchtigungen durch Staub zu reduzieren. Meist ist so- genanntes Normalglas ausreichend für eine Rahmung, um vor Verschmutzung und oberflächlichen Beschädigungen zu schützen. Neben dem leicht grünstichigen Glas – erkennbar an der grünlich schimmernden Schnittkante – gibt es Klarglas, das eine klare Schnittkante aufweist und farbneutral ist. Alternativ gibt es Spezialgläser, die Spiegelungen und/ oder die Auswirkungen von UV-Strahlen vermindern. Günstige Alternative zum Normalglas ist Antireflexglas bzw. Refloglas. Die Oberfläche dieser Gläser ist entweder auf einer oder auf beiden Seiten geätzt und wirkt dadurch matt. Je feiner die Ätzung, desto geringer sind die Beeinträchtigungen bei der Kunstbetrachtung. Der Abstand zwischen Kunstwerk und Glas sollte möglichst gering sein, damit sich die Ätzung nicht wie ein Schleier über das Motiv legt. Für Objektrahmungen sind diese Gläser daher nicht geeignet. Im Galerie- und Ausstellungsbetrieb werden Antireflexgläser kaum noch verwendet. Zum Teil wird für kurzfristige Ausstellungen von Fotografie einseitig geätztes Glas mit der matten Seite zum Motiv eingesetzt, um ein Ankleben des Bildes an der Glasscheibe durch Luftfeuchtigkeit zu verhindern.

Eine teurere Alternative sind entspiegelte Gläser. Die Anbieter demonstrieren die Wirkung ihrer Gläser meist anhand von Musterscheiben. Daran kann geprüft werden, ob die Entspiegelung zu einer farblichen Beeinträchtigung führt. Angeboten werden außerdem UV-Schutzgläser, die gerahmte Werke vor einer Schädigung durch UV-Strahlen schützen, sowie entspiegelte UV-Schutzgläser. Für große Arbeiten, insbesondere wenn sie in Gebäuden mit Publikumsverkehr präsentiert werden, kann Verbundglas oder leichteres Acrylglas verwendet werden. Beide Varianten gibt es ebenfalls mit UV-Schutz oder entspiegelt. Der hohe Preis der Spezialgläser lohnt sich häufig nur bei wertvollen oder ideell sehr bedeutenden Werken. Auskunft zu den am Markt erhältlichen Bildergläsern geben gute Einrahmungsfachgeschäfte.

Glasbruch

Eines der größten Risiken beim Transport gerahmter Bilder. Die Gefahr, dass ein Kunstwerk durch brechendes und splitterndes Glas beschädigt wird, kann durch Abkleben der Glasscheiben reduziert werden. Dazu wird ein Spezialklebeband, auch Glasfolie genannt, kreuzweise auf die Glasoberfläche geklebt.

Gruppenausstellung

Präsentation mehrerer Künstler, wobei üblicherweise eine formale oder inhaltliche Verbindung besteht. Beispiele für eine formale Verbindung sind: Künstler einer Galerie, eines Kunstvereins oder

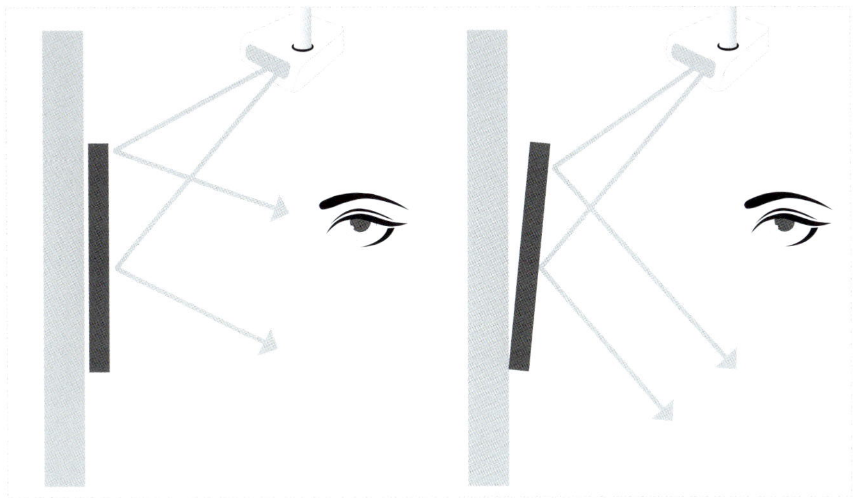

Wenn Bilder mit Glasscheiben leicht gekippt aufgehängt werden, ist die Problematik der Reflexion für den Betrachter gemindert.

einer Künstlergruppe, Kunstpreis- oder Stipendiumsbewerber, Absolventen einer Akademie oder Teilnehmer an einer Fortbildung. Inhaltlich kann die Beziehung durch ein gemeinsames Thema oder Projekt entstehen, aber auch über die angewandte Technik. Das Konzept sollte für Besucher ersichtlich und transparent sein. Eine rein formale Auswahl der Ausstellungsteilnehmer verlangt einen sehr durchdachten Ausstellungsaufbau, um nicht in der Beliebigkeit zu enden. In der Regel werden die Werke jeweils eines Künstlers im Zusammenhang gezeigt. Eine Ausnahme ergibt sich, wenn inhaltlich korrespondierende Werke jeweils im Dialog zueinander gezeigt werden.

H

Hängung

Um ein einheitliches, ruhiges Erscheinungsbild einer Ausstellung zu erzielen, entscheidet man sich häufig für eine einheitliche Linie bei der Hängung der Bilder. Grundsätzlich gibt es vier Möglichkeiten: Die Bilder können mit ihrer Oberkante oder mit ihrer Unterkante auf gleicher Höhe gehängt werden. Gängig ist das einreihige Hängen auf Augenhöhe. Dabei wird als Augenhöhe eine Linie auf der Höhe von ca. 1,60 m vom Boden festgelegt. Die Bilder werden so daran ausgerichtet, dass ein Drittel des Bildes oberhalb der Augenlinie hängt, zwei Drittel darunter. Bei kleinformatigen Arbeiten, insbesondere bei Serien, bietet sich eine Blockhängung an. Dabei werden mehrere Arbeiten neben- und übereinander zu einer geschlossenen Einheit gruppiert.

Hommage

Würdigung eines Menschen. Künstler können durch den Bezug auf das Schaffen eines berühmten Schriftstellers, Musikers, bildenden Künstlers oder eine andere Persönlichkeit Kunstwerke als Hommage auf diese Personen schaffen. Im Ausstellungswesen kennt man die Hommage als besondere Würdigung eines Einzelkünstlers. Posthum erinnert eine Hommage meist zu einem bestimmten Jahrestag an das Werk der gewürdigten Persönlichkeit.

Honorar

Vergütung einer freiberuflichen Leistung, also beispielsweise von Künstlern aller Sparten, Journalisten, Grafikern, Anwälten oder Architekten. In der Kalkulation einer Ausstellung sind nicht nur die Honorare für die Gestaltung von Einladungskarten, der Website, Plakaten und anderen Werbemitteln, für Texter, Redner und Musiker während der Vernissage, für die Aufbauarbeit der Künstler, den Fotografen etc. einzustellen. Die meisten dieser Honorare, die für künstlerische Leistungen gezahlt werden, lösen die Pflicht zur Zahlung von Beiträgen an die Künstlersozialkasse aus. Daher sollte in die Kalkulation ein Aufschlag von rund 5 Prozent aufgenommen werden (Künstlersozialkasse). Dieser Aufschlag darf nicht vom Honorar abgezogen werden. Im Übrigen sind die Honorarvereinbarungen Verhandlungssache. Außerdem können für Musikbeiträge GEMA-Gebühren anfallen (vgl. www.gema.de).

Für den Auftraggeber ist es bei der Honorarvereinbarung auch von Bedeutung, ob er die Leistung nur einmalig oder mehrmals nutzen möchte. So kann er mit einem Redner vereinbaren, dass dieser nicht nur einen Text als Eröffnungsrede verfasst und vorträgt, sondern dass er den Text auch als Ausdruck und auf Datenträger übergibt und die Nutzung für die Presse- und Öffentlichkeitsarbeit mit dem vereinbarten Honorar abgegolten ist. Mit Musikern und Rednern kann vereinbart werden, dass der Auftraggeber das Recht hat, die Veranstaltung zu filmen und den Beitrag entweder in der Ausstellung oder ausschnitthaft im Internet zu präsentieren. Analog sollte auch mit einem Fotografen sogleich mit dem Honorar vereinbart werden, dass er beispielsweise während der Vernissage fotografiert, und auch, in welcher Form der Auftraggeber die Aufnahmen erhält und wie er sie nutzen kann. Ohne entsprechende Vereinbarungen kann ein günstiges Angebot den Auftraggeber am Ende teuer kommen, weil ihm die Nutzungsrechte für eine professionelle Verwertung der in Auftrag gegebenen Leistungen fehlen.

Die wichtigsten Hängemöglichkeiten im Überblick.

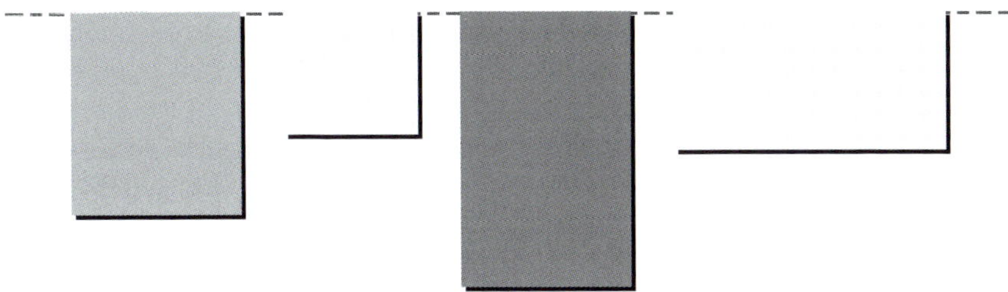

Eine Art der Hängung ist es, die Bilder mit ihrer Oberkante auf gleicher Höhe beginnen zu lassen. Gängig ist das einseitige Hängen auf Augenhöhe.

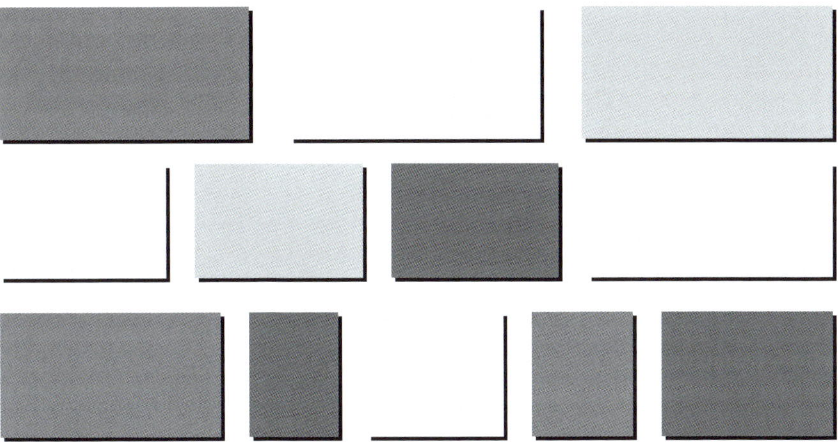

Bei kleinformatigen Arbeiten, insbesondere bei Serien, bietet sich eine Blockhängung an. Eine symmetrische Anordnung gibt dem gesamten Ensemble Halt und Ruhe.

Eine andere Art der Hängung ist es, die Bilder mit ihrer Unterkante auf gleicher Höhe beginnen zu lassen. Gängig ist das einseitige Hängen auf Augenhöhe.

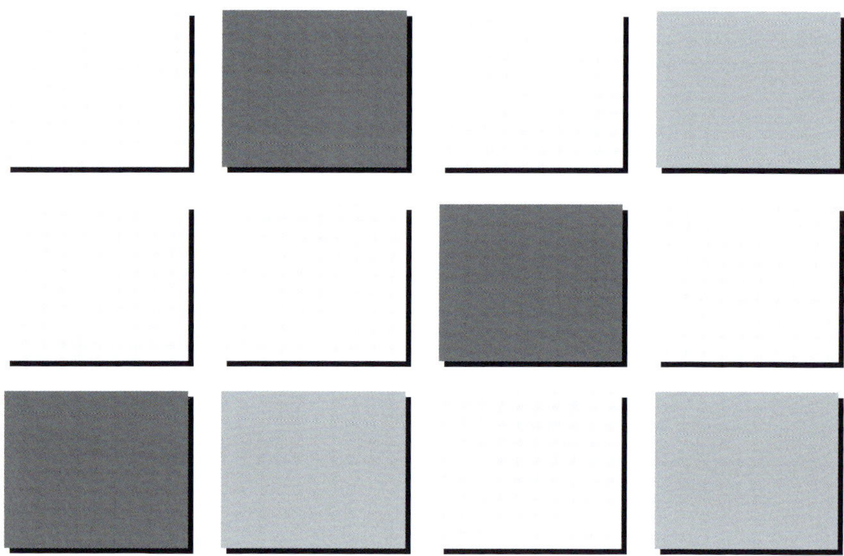

Bei gleichformatigen Arbeiten, z. B. einer Serie, sollten diese im Block neben- bzw. untereinander gehängt werden.

Eine weitere Anordnung der Kunstwerke ist in der Petersburger Variante möglich. Hierbei werden verschiedenformatige Kunstwerke auf engem Raum nebeneinander platziert.

J

Jury

Fachgremium, das über die Zulassung von Kunstwerken zu einer Ausstellung oder über die Vergabe einer Auszeichnung (Preis, Stipendium etc.) entscheidet. Die Jury gilt als ein Qualitätskriterium für eine Ausstellung oder einen Kunstwettbewerb. Je namhafter und in der Kunst erfahrener die Jurymitglieder sind, desto höher sind das Ansehen der jurierten Veranstaltung sowie das Renommee, das die ausgewählten Künstler erlangen. Die Gewinnung angesehener Jurymitglieder ist über persönliche Kontakte sowie ein überzeugendes Konzept am aussichtsreichsten.

K

Katalog

Dokumentation in gedruckter Form. In der Kunst wird zwischen Ausstellungs- und Werkkatalogen unterschieden. Ausstellungskataloge entstehen zu einer Präsentation. Sie geben einen Überblick über die gezeigten Arbeiten und vermitteln die Ausstellungsidee bzw. erläutern das Konzept. Von Galerien oder Künstlern herausgegebene Kataloge verzichten oft auf einen ausführlichen Textteil und beschränken sich auf die Reproduktion von Werken. Dann sollten zumindest Titel, Entstehungsjahr, Technik und Format angegeben werden sowie die Ausstellungsdaten. Wünschenswert sind zudem Angaben zur Vita. Wertvoller für die Künstlerkarriere sind Kataloge mit Einführungstexten, die die ausgestellten Arbeiten in Beziehung zum Gesamtwerk des Künstlers würdigen. Hier gilt – ähnlich wie bei der Jury: Die Künstler profitieren vom Ansehen der Autoren. Bei Absolventen von Kunstakademien können beispielsweise frühere Professoren angefragt werden. Die Honorare für Texte sind Verhandlungssache.

Neben den Ausstellungskatalogen gibt es Werkkataloge. Sie können sich auf einzelne Werkgruppen oder Schaffensphasen beziehen und dokumentieren die entsprechenden Kunstwerke. Werkkataloge können unabhängig von Ausstellungen aufgelegt werden. Sie setzen eine kontinuierliche Fotodokumentation des Schaffens voraus. Sinnvoll ist auch das Führen eines Werkbuches, indem jeweils die Entstehungszeiten der unterschiedlichen Arbeiten eingetragen werden.

Kunstkataloge können heute in sehr guter Reproduktionsqualität auch im Digitaldruck statt im Offsetdruck produziert werden. Dies hat den Vorteil, dass selbst Kleinstauflagen – bei Bedarf sogar ab einem Stück – günstig realisierbar sind. Einige Künstler verzichten bei ihrer Werkdokumentation auf die Einbindung eines Grafikers und nutzen die Software, die Online-Druckereien kostenfrei zum Download anbieten, oder arbeiten selbst mit professionellen Programmen.

Kooperation

Der Begriff der Zusammenarbeit hat im Kunst- und Kulturbereich vor allem durch Medienkooperationen oder Medienpartnerschaften an Aufmerksamkeit gewonnen. Große Kulturereignisse werden dabei in Kooperation mit einem Medienunternehmen realisiert, wobei das Medienunternehmen von der Publizität des Ereignisses profitiert und der Veranstalter von den Werbemöglichkeiten des Medienunternehmens.

Kooperationen können mit ganz unterschiedlichen Partnern zu einem Erfolgsfaktor für eine Veranstaltung werden, wenn sie frühzeitig geplant und professionell umgesetzt werden. So kann es die Aufmerksamkeit für beide Seiten steigern, wenn anderen Künstlern – Musikern, Autorengruppen etc. – die Möglichkeit geboten wird, während der Ausstellung in den Ausstellungsräumlichkeiten eine eigenständige Veranstaltung zu organisieren. Von einer gemeinsamen Presse- und Öffentlichkeitsarbeit profitieren beide Seiten. Möglich sind auch Kooperationen mit Institutionen, etwa einer Volkshochschule, Schulen, Museen etc., die in ihrem Programm das Thema der Ausstellung behandeln und ergänzend eine Führung erhalten. Ansatzpunkte für eine Kooperation gibt es in jeder Ausstellung – oft werden mögliche Kooperationspartner nicht oder zu spät angesprochen, sodass die Umsetzung einer gemeinsamen Aktion nicht mehr möglich ist. Kooperationen sind nicht Hauptzweck einer Ausstellung, sondern eine Form der Kommunikation und Werbung. Sie sollten unter diesem Aspekt bereits zu Beginn der Planung durchdacht und – wenn er-wünscht und von den Kapazitäten her machbar – frühzeitig angegangen werden.

Kostenplan

Aufstellung aller Ausgaben, die voraussichtlich mit der Ausstellung verbunden sind.

Raumkosten

- ggf. Kosten für Raumsuche (Inserat, Liste des gewerblichen Mietspiegels etc.)
- Raummiete und ggf. Kaution
- Renovierungskosten vor und nach der Ausstellung
- Kosten für die Installation von Ausstellungstechnik (Galerieschienen, Beleuchtung etc.)

  Selbst wenn ein Raum vorhanden ist, fallen durch die Nutzung Kosten an. Diese Positionen sollten in der Kalkulation daher in jedem Fall berücksichtigt werden:

Nebenkosten

- Betriebskosten für Strom, Heizung, Wasser etc.
- Reinigung vor der Vernissage, während der Laufzeit, nach dem Abbau

Kosten rund um die auszustellenden Kunstwerke

- Transportkosten
- Hierzu zählen die unmittelbaren Kosten für den Transport wie Fahrzeug, ggf. Spedition, Sprit etc. Hinzu kommen Ausgaben für Packmaterial.
- Lagerkosten
- Versicherung

Präsentationsmittel

- Sockel
- Rahmen inklusive Aufhänger
- Trenn- oder Präsentationswände
- Infomaterial in der Ausstellung
- wie Preislisten, Infotafeln, Beschriftungen an den Werken etc.

Werbekosten

Kalkuliert werden für alle Werbemittel die Positionen Text, Abbildungen, Layout, Lithografie (Proofs), Druck/Produktion und Distribution (Versand, Verteilen etc.). Für die Kalkulation dieser Position ist das Einholen mehrerer Angebote unerlässlich.

- Einladungskarte (Postkarte oder Karte mit Umschlag)
- Plakate
- Katalog
- Anzeigen
- Internetpräsenz
- sonstige Werbemittel (einzeln aufzählen und kalkulieren)

Hilfskräfte und Honorare

Für viele Arbeiten werden Hilfskräfte benötigt, etwa für das Verpacken, Rahmen, Transportieren, Aufhängen oder Aufstellen von Werken, für Bewachung, Bewirtung, Garderobe, Empfang etc. Ggf. sind anfallende Lohnnebenkosten, Künstlersozialabgabe etc. zu kalkulieren.

Sind Honorare mit einer Produktion, etwa von Einladungskarten, verbunden, so werden sie dort kalkuliert. Darüber hinaus gibt es Einzelpositionen, die meist mit Veranstaltungen während der Ausstellung verbunden sind:

- Redner
- Musiker
- Autoren (bei einer Lesung)
- Moderation etc.

Bewirtung

Zur Bewirtung gehören nicht nur die Speisen und Getränke, sondern auch Servietten oder Teller, Gläser, Besteck etc.

- während der Vernissage
- während Veranstaltungen in der Ausstellung
- bei Auf- und Abbau
- für besondere Besuchergruppen

Technik

- Beleuchtung
- Beschallung
- Technik für Videokunst u.ä.
- Technik für Vorführungen (Film oder Diashow in der Ausstellung)

Pressearbeit

- Vorkosten (Erstellen eines Presseverteilers, Aufbau von Kontakten durch den Besuch anderer Veranstaltungen, Kauf von Publikationen, um über ein aktuelles Impressum zu verfügen und den Presseversand an den Bedürfnissen der jeweiligen Produkte auszurichten) Bei den laufenden Kosten sind Ausgaben für die Produktion (Text, Abbildungen, Layout, Druck) zu kalkulieren sowie Kosten für die Verteilung bzw. den Versand.

- Einladungen zur Eröffnung
- Pressetexte
- Pressemappen
- Pressegespräch (Vorbereitung sowie Aktion inklusive Bewirtung)

Fahrtkosten

Die Fahrtkosten können grundsätzlich pauschal als Kostenblock veranschlagt werden. Dies gilt insbesondere für Fahrten im näheren Umkreis, also etwa zum nahe gelegenen Ausstellungsraum, zu regionalen Förderern, Sponsoren, zu Dienstleistern wie Caterern, Druckern, Grafikern etc.

Fahrtkosten pauschal

Sind längere Fahrten erforderlich, weil wichtige Ansprechpartner nicht in der Nähe wohnen oder leben, sollten diese Fahrten separat kalkuliert werden.

- Einzelaufstellung
- Fahrtkosten zu entfernten Zielen

Kommunikationskosten

Hierzu zählen Ausgaben für die allgemeine Kommunikation wie Telefon, Fax, E-Mail, Briefe, Handy etc. Kosten, die durch bestimmte Maßnahmen wie den Presse- oder Einladungsversand anfallen, werden mit den entsprechenden Maßnahmen kalkuliert.

- Kommunikationskosten pauschal

Puffer für sonstige Ausgaben
Kalkulieren Sie immer ein wenig mehr, so dass Sie im Fall von plötzlichen Mehrkosten flexibel reagieren können. Z.B. können sich während des Transportes Keilrahmen verziehen, die dann kurzfristig repariert werden müssen oder es muss noch kurz vor Vernissage-Beginn ein neues Mikrofon gekauft werden.

Künstlergespräch

Präsentation eines Künstlers durch ein öffentlich geführtes Gespräch. Ist ein Künstler gesprächsgewandt und auskunftsfreudig in Bezug auf sein Werk und sein Schaffen, bietet sich ein Künstlergespräch als Teil einer Vernissage – ggf. auch als Ersatz für eine Einführungsrede – oder als Rahmenprogramm während einer Matinee oder Sonderführung an. Das Gespräch kann komplett von einer erfahrenen Person mit dem Künstler geführt oder aber für Fragen aus dem Publikum geöffnet und dann moderiert werden. Die wesentlichen Inhalte des Gesprächs sowie die Form sollten vorab mit dem Künstler vereinbart werden. Außerdem ist auf eine gute Technik (Mikrofone, Verstärker, Lautsprecher) zu achten, damit die gesprochenen Beiträge von allen Besuchern verstanden werden können.

Künstlersozialkasse (KSK)

Institution, die mit der Umsetzung des Künstlersozialversicherungsgesetzes beauftragt ist. Dieses Gesetz hat das Ziel, selbstständigen Künstler und Publizisten eine ähnliche soziale Absicherung wie einem Arbeitnehmer zu ermöglichen. Die KSK zahlt einen Zuschuss zu den Beiträgen der Kranken-, Pflege- und Rentenversicherung in Höhe von 50 Prozent der fälligen Zahlungen. Die Gelder für diesen Zuschuss erhält die KSK zu 40 Prozent vom Bund und zu 60 Prozent von Unternehmen, die künstlerische Leistungen nutzen.

Wer Honorare an selbstständige Künstler, Musiker, Fotografen, Texter oder Grafikdesigner zahlt, ist verpflichtet, diese Honorare der KSK zu melden und derzeit rund 5 Prozent dieser Entgelte zusätzlich an die KSK abzuführen. Auskunft über das Verfahren gibt die Künstlersozialkasse auf ihrer Website (www.kuenstlersozialkasse.de). Wichtig sind diese Regelungen für Künstler – nicht nur als Nutznießer und Pflichtmitglied der KSK. Stellt ein Künstler für eine Künstlergruppe eine Rechnung und rechnet dann mit seinen Mitstreitern ab, so kann dieses Verfahren dazu führen, dass der Künstler nochmals eine Abgabe an die KSK zahlen muss. Daher empfiehlt es sich, dass Künstler jeweils einzeln ihre Leistungen abrechnen.

Kunstwettbewerb

Die Ausschreibung eines Wettbewerbs ist eine Möglichkeit, Künstler für eine Ausstellung zu gewinnen. Zu den Qualitätskriterien eines Wettbewerbs gehören die Besetzung der Jury und die Teilnahmebedingungen. Je angesehener die

Juroren im Kunstmarkt sind, desto interessanter ist die Bewerbung für gute Künstler, da sie mit der Auswahl ihr Renommee steigern können. So ist es hilfreich, Museumsleiter, Galeristen und ggf. auch angesehene Künstler für die Jury zu gewinnen. In den Teilnahmebedingungen sollte der Preis klar definiert sein – etwa Beteiligung an der Ausstellung ___ (Titel) mit ___ (Anzahl) Werken in ___(Ort der Ausstellung) von ___bis ___ (Zeitraum der Ausstellung). Es ist üblich, sich einfache Bildrechte an den ausgewählten Werken für die Bewerbung der Ausstellung einräumen zu lassen, ggf. auch für einen Katalog. Grundsätzlich sollten Daten zum künstlerischen Werdegang angefordert werden. Es ist möglich, die eingereichten Beiträge von der Jury verdeckt (ohne Namensnennung) oder offen auswählen zu lassen. Wird eine größere Zahl von Bewerbern erwartet, ist es üblich, zumindest für die erste Runde Abbildungsmaterial der Werke und ausdrücklich keine Originale anzufordern. Es spricht für den Veranstalter, wenn er bei einem großen Wettbewerb vorab mitteilt, wenn Unterlagen nicht zurückgesandt werden können. Falls dies nicht geschieht, sollte eine Rücknahmemöglichkeit oder ein Abholzeitraum angegeben werden. Um eine ausreichende Resonanz auf eine Ausschreibung zu erzielen, ist es wichtig, den Wettbewerb frühzeitig über einschlägige Medien zu veröffentlichen. Wird ein Wettbewerb regional ausgeschrieben, so können Informationen über die regionalen Medien verbreitet werden. Auslagen in Kunstvereinen und Museen sind sinnvoll. Durch eine Kooperation mit dem Kulturamt kann die Zielgruppe oft direkt angesprochen werden. Jurymitglieder verfügen meist über Kontakte, die genutzt werden können. Die Ausschreibung eines überregionalen Wettbewerbs kann auch an die entsprechenden Hochschul-Sekretariate mit der Bitte um Aushang geschickt werden (Semesterferien beachten). Schließlich gibt es Fachpublikationen für bildende Künstler, in denen Wettbewerbe veröffentlich werden, sowie Plattformen im Internet, die einen entsprechenden Service bieten.

L

Leihgaben

Werke, die für eine bestimmte Zeit und meist zu einem bestimmten Zweck ausgeliehen werden. So können Kunstwerke beispielsweise von früheren Käufern für eine Ausstellung ausgeliehen werden, wenn sie ein zentrales Werk im Schaffen des Künstlers darstellen. In einem Leihvertrag werden die Konditionen für die Leihgabe vereinbart, insbesondere von wann bis wann die Werke zu welchem Zweck ausgeliehen werden; wer die Kosten für die Transporte trägt; wie die Werke versichert werden; was im Schadensfall geschieht; ob eine Vergütung gezahlt wird. Leihgaben werden mit einem Übergabeprotokoll übernommen, in dem der Zustand jedes Werkes genau dokumentiert wird. Leihgeber und -nehmer erhalten jeweils ein Übergabeprotokoll, das Bestandteil des Leihvertrages sein sollte.

M

Marketing und Public Relations

Summe aller Aktivitäten, die darauf ausgerichtet sind, mit einem Produkt oder einer Dienstleistung den Markt zu erreichen und Markterfolge (Marketing) bzw. Aufmerksamkeit, Ansehen, Anerkennung und eine positive Resonanz (PR) zu erzielen. Wer die entsprechenden Maßnahmen für eine Ausstellung planen und vorbereiten möchte, sollte zunächst definieren, welche Ziele erreicht werden sollen.

Große Aufmerksamkeit kann eine provozierende Kunstaktion mit einem entsprechenden Presseecho ebenso erzeugen wie Fahnen am Ausstellungsgebäude, Plakate in der Stadt und eine große Werbekampagne. Eine Nachfrage wird damit allerdings nicht automatisch produziert.

Neben der punktuellen Aufmerksamkeit erwartet der Kunstmarkt eine gewisse Kontinuität, die als Nachweis für die Ernsthaftigkeit des künstlerischen Schaffens gewertet wird. Für eine erfolgreiche PR bedeutet dies, in einer gewissen Regelmäßigkeit über das künstlerische Schaffen und die damit verbundenen Ausstellungsaktivitäten und anderen Ereignisse zu berichten. Da dies zum einen nur in Ausnahmefällen über die Medien erfolgen kann und zum anderen auf diesem Weg nur ein eingeschränkter Personenkreis erreicht wird, gehören Einladungen, Briefe oder Newsletter sowie Auslagen in Ausstellungen zur PR.

Um potenzielle Kunden und Käuferschichten gezielt anzusprechen, werden beispielsweise auch Werk- und Preisinformationen ausgegeben und exklusive Führungen oder Atelierbesuche für ausgewählte Gruppen oder Personen angeboten. Zur Strategie gehört auch die Kommunikation nach einer Ausstellung oder dem Verkauf eines Werkes. So kann bei einer gut besuchten Ausstellung oder einer Präsentation mit vielen Verkäufen oder anderen Ergebnissen – etwa die Vereinbarung eines neuen Ausstellungstermins – eine positive Abschlussbilanz gezogen und wichtigen Personenkreisen zur Kenntnis gegeben werden. Förderer und frühere Käufer sollten jeweils in einen exklusiven Informationskreis einbezogen werden, um sie an der weiteren Entwicklung des künstlerischen Schaffens und Werdegangs teilhaben zu lassen.

Diese Investition fällt unter den Begriff Netzwerk- und Beziehungspflege und ist letztlich die Basis für weitere fruchtbare Kooperationen und Kontakte.

N

Networking/Netzwerkarbeit

Systematischer Aufbau und Pflege von Kontakten. Der Kunstmarkt lebt vom Sehen und Gesehenwerden, vom Kennen und Bekanntsein. Wer als (Selbst-) Vermarkter Fuß fassen möchte, sollte den Mut haben, auf andere Menschen zuzugehen und sie anzusprechen. Netzwerkarbeit benötigt Zeit:

Die wichtigsten Kunstereignisse in der Region sollten besucht werden – am besten zur Vernissage; die aktive Mitgliedschaft in Vereinigungen bietet Anschluss an bereits vorhandene Netzwerke; die Einteilung vorhandener Kontakte nach Gruppen – wie Sammler, Museumsmitarbeiter, Verwaltungsmitarbeiter, Unternehmer etc. – gibt Aufschluss darüber, in welchen Bereichen noch Defizite bestehen. Grundsätzlich sollte man davon ausgehen, dass Netzwerkarbeit nach ca. drei Jahren erste Früchte trägt. Für ein geplantes Ausstellungsprojekt in einer fremden Stadt bedeutet dies: Entweder man kann auf Menschen als Multiplikatoren zurückgreifen, die in dieser Stadt einen Namen und einen ausreichend großen Bekanntheitsgrad haben und ihr Netzwerk aktiv in die Bewerbung der Ausstellung einbringen, oder die Aussichten auf eine gute Resonanz sind gering.

Nutzungsrechte

Rechte zur Nutzung geschützter Werke oder Marken, auch Lizenz genannt. Im Ausstellungswesen sind meist die Rechte an Kunstwerken und Fotografien sowie Texten relevant. Grundsätzlich gelten Urheberrechte bis 70 Jahre nach dem Tod des Urhebers. Ein Künstler, Fotograf oder Autor (bzw. deren Rechtsnachfolger oder Erbe) hat die Möglichkeit, Nutzungsrechte an seinen Werken einzuräumen und hierfür eine Vergütung zu fordern. In der Praxis gehören das Vervielfältigungs- und Verbreitungsrecht zu den am häufigsten genutzten Verwertungsrechten – etwa bei der Abbildung von Kunstwerken in Katalogen, auf Websites, in den Medien etc.

Lediglich in Ausnahmefällen – etwa in der aktuellen Berichterstattung über eine Ausstellung – ist eine Nutzung ohne vorherige Einwilligung des Urhebers und ohne Vergütung möglich. Für Ausstellungsmacher bedeutet dies, dass sie frühzeitig überlegen sollten, wie sie für eine Präsentation werben möchten, welche Texte und Fotos verwendet werden sollen und ob eine Öffentlichkeitswirkung über die eigentliche Ausstellung hinaus gewünscht ist. Damit können die erneute Nutzung von Fotos aus der Ausstellung, von Reden und Werkabbildungen, die Produktion von Postkarten und Kalendern oder die Verbreitung eines Ausstellungskatalogs über die Laufzeit hinaus verbunden sein. Die Rechte zu solchen Nutzungen sollten vorab geklärt und vertraglich vereinbart werden. Eine erste Richtlinie für die Honorarverhandlungen geben die Tarife der Verwertungsgesellschaft Bild-Kunst, der viele Künstler als Mitglied angeschlossen sind (www.bild-kunst.de).

O

Öffentlichkeitsarbeit

Gezielte Information einer breiten Öffentlichkeit mit allen Mitteln der Kommunikation. Öffentlichkeitsarbeit beginnt bei der Mundpropaganda, umfasst die persönliche Ansprache wichtiger Persönlichkeiten, die Gewinnung von Förderern und Sponsoren sowie den Druck und die Verteilung von Einladungskarten, das Aushängen von Plakaten, das Erstellen einer Web-site usw. Die Öffentlichkeitsarbeit begleitet ein Ausstellungsprojekt von der ersten Minute, in der die Idee aus dem „stillen Kämmerchen" nach außen tritt. Frühzeitig alle Möglichkeiten der Öffentlichkeitsarbeit zu planen und systematisch auszuschöpfen, ermöglicht eine hohe Bekanntheit mit einem relativ geringen Budget.

Besonders wichtig ist es, dass die Werbeträger – vor allem Flyer und Websites – frühzeitig erstellt und aktiv verteilt werden. Die geringen Druckkosten bei Online-Druckereien für Werbepostkarten erlauben es, optisch ansprechende Informationen preiswert in hoher Auflage produzieren zu lassen.

Online-Druckereien

Gerade für Einladungskarten, Flyer und kleine Kataloge eignen sich hervorragend Online-Druckereien. Via Internet können fertige Layouts hochgeladen werden und schon nach wenigen Tagen werden die fertigen Druckerzeugnisse zu unglaublich günstigen Preisen nach Hause geliefert. Man benötigt lediglich ein Layoutprogramm und geeignetes, druckfähiges Bildmaterial. Wer allerdings darin noch gar keine Erfahrung hat, sollte auf jeden Fall sehr rechtzeitig mit dem Layout und dem Druckauftrag beginnen. Denn manchmal steckt ein Fehler im Detail wie etwa Formatabmessung oder Bildqualität und der Druck kann dann aus technischen Gründen nicht rechtzeitig erfolgen.

P

Passepartout

Umrahmung eines Kunstwerks, meist Grafik, Arbeit auf Papier oder Fotografie, mit einem speziellen Passepartoutkarton. Das Passepartout, das durch seinen Fensterausschnitt die Betrachtung des gerahmten Kunstwerks ermöglicht, erfüllt verschiedene Funktionen. Es schützt das Kunstwerk vor Beschädigungen sowie bei einer Rahmung hinter Glas vor dem direkten Kontakt mit dem Glas; es ermöglicht eine Präsentation, die zwischen Kunstwerk und Rahmen vermittelt und den Blick optisch auf das

Werk hinlenkt; durch eine ruhige Umgebung konzentriert das Passepartout die Aufmerksamkeit auf das Werk; durch eine großzügige Rahmung auch kleinerer Arbeiten mit Passepartout erhält die jeweilige Arbeit eine höhere Wertigkeit.

Entscheidend für eine gute Präsentation mit Passepartout sind das Material des Kartons sowie die Befestigungsmethode. Der Karton sollte auf jeden Fall alterungsbeständig, säurefrei und lichtecht sein. Zur Befestigung des Werkes auf einem rückwärtigen Karton, der ebenfalls Museumsqualität aufweisen sollte, empfiehlt sich der konsequente Verzicht auf Selbstklebebänder. Stattdessen ist meist die Verwendung sogenannter Fälzel und Stärkekleber möglich und sinnvoll. Künstlern, die selbst einrahmen möchten, empfiehlt sich ein Grundkurs bei einem erfahrenen Restaurator oder einem sehr versierten Einrahmer, um langfristig einer Beeinträchtigung der Werke durch das Verwenden falscher Materialien und Techniken vorzubeugen.

Preisgestaltung

Definition eines Preissystems für Dienstleistungen oder Produkte. Im Kunstmarkt empfinden viele Künstler die erste Festlegung von Preisen für ihre Kunstwerke als problematisch sowie später die neue Preisgestaltung beim Übergang zu einer Galerievertretung.

Grundsätzlich gilt für den Marktpreis das ungeschriebene Gesetz, dass Kunstwerke mit der Zeit teurer, aber möglichst nie billiger werden dürfen. Bei der Preisgestaltung wird häufig folgendes System zugrunde gelegt: Die Werke werden nach ihrer Technik in Gruppen eingeteilt. Pro Gruppe wird für ein Werk der Preis festgelegt und anschließend der Faktor in Bezug auf das Format des Werkes errechnet. Soll beispielsweise ein Gemälde im Format 50 x 100 cm 900 Euro kosten, so ermittelt sich dieser Preis aus der Summe der Seitenlängen mal einem für alle Werke dieses Künstlers und dieser Technik konstanten Faktor. Hier (50 cm + 100 cm) x Faktor in Euro/cm = 900 Euro. Der Faktor ermittelt sich Rechnung: 900 Euro: (50 cm + 100 cm) = 6 Euro/cm. Ein Bild, das doppelt so groß ist und 100 x 100 cm misst, würde sich nach dieser Formel wie folgt berechnen: (100 cm + 100 cm) x 6 Euro/cm = 1.200 Euro.

Entscheidend ist es, den Preis für jeweils ein Ausgangswerk je Technik realistisch festzulegen. Hierfür ist vor allem Marktkenntnis gefragt: Was kosten Werke von Künstlern, die bisher einen vergleichbaren Werdegang absolviert haben? Für Künstler, die noch nicht von einer Galerie vertreten werden, erschwert sich diese Einschätzung, da die Marktpreise für selbstvermarktende Künstler nicht sehr transparent sind. Tage der offenen Ateliers, Künstlermessen, Auskünfte des Berufsverbandes, in Kunstvereinen und von befreundeten Kunstexperten können weiterhelfen.

Ein weiterer wichtiger Zeitpunkt der Preiskalkulation ist der Aufstieg zum

Galeriekünstler. Da der Künstler nun nur noch einen Anteil des Verkaufspreises erhält – zu Beginn der Zusammenarbeit oft maximal 50 Prozent, nicht selten auch weniger –, und die Preise im selben Zuge nicht um einen entsprechenden Prozentsatz angehoben werden können, kann der Eintritt in eine Galerie für bis dahin selbstvermarktende Künstler zunächst einen wirtschaftlichen Einschnitt bedeuten. Dieser sollte sich dadurch ausgleichen, dass die Galerie die Vermarktungsarbeit und damit verbundene Kosten übernimmt und grundsätzlich für einen steigenden Bekanntheitsgrad und damit verbunden für einen Wertanstieg der Kunstwerke und möglichst für eine Steigerung des Absatzes sorgt. Insbesondere bei der Zusammenarbeit mit Galerien, aber auch bei selbstvermarktenden Künstlern sollten die Preise durchgängig schlüssig und zu einem Zeitpunkt an allen Orten vergleichbar sein.

Pressearbeit

Information und Kontaktpflege zu Vertretern der Medien (Rundfunk, Zeitungen, Zeitschriften und Magazine, Internet-Medien). Durch den Begriff Pressearbeit werden häufig nur sogenannte Printmedien berücksichtigt, also gedruckten Medien. Es empfiehlt sich jedoch, grundsätzlich alle Medien zumindest mit einer kurzen Pressemeldung zu informieren. Zu beachten sind dabei insbesondere die Redaktionstermine für die Veranstaltungskalender.

Bei größeren Veranstaltungen lohnt sich die Recherche von Ansprechpartnern, in deren Programm das Thema passen könnte – etwa (regionale) Kultursendungen, Lifestyle-Magazine, Porträtsendungen etc. Je höher das Ereignis aufgehängt wird, desto professioneller und informativer sollte die Pressemappe bestückt und gestaltet sein. Sie sollte sowohl einen schnellen Überblick bieten als auch Hintergrundinformationen und Bildmaterial, um einen Eindruck von dem Gesamtprojekt zu vermitteln.

Zur Pressearbeit gehören auch Sonderveranstaltungen wie die Pressekonferenz, das Künstlergespräch, (Medien-) Kooperationen.

Pressekonferenz

Informationsveranstaltung für Medienvertreter zu einem bestimmten Thema oder Anlass. Eine Pressekonferenz gehört zu den großen Instrumenten der Pressearbeit. Sie wird bei bedeutenden Veranstaltungen und Themen organisiert und kann auch nur dann auf eine entsprechende Resonanz hoffen.

Dies gilt beispielsweise für die Großausstellungen von Museen, die zugkräftige Meisterwerke versammeln und auf große Besucherscharen hoffen lassen. Für die meisten Ausstellungen bieten sich ein Pressegespräch oder ein Presserundgang an. Termin für eine solche Veranstaltung ist meist am späten Vormittag gegen 11 Uhr, wenn die Morgenkonferenzen der Tagespresse gelaufen sind und die Zeit noch für eine aktuelle Berichterstattung ausreicht, oder kurz vor der Vernissage. Pressematerialien wie Texte und Bilddaten sollten in ausreichender Anzahl bereitliegen. Gute Gesprächspartner, ein kleiner Imbiss und Getränke schaffen die Atmosphäre für einen konstruktiven Austausch.

Projektförderung

Finanzielle oder materielle Unterstützung für ein Projekt. Künstler und Ausstellungsmacher können für größere Ausstellungen oft auf regionaler oder Landesebene eine Projektförderung beantragen. Die Bewerbungsunterlagen müssen meist spätestens im Vorjahr der Veranstaltung eingereicht werden. Erfolg versprechend kann eine Bewerbung nur sein, wenn das Projekt und der Antrag den Ausschreibungen bzw. Förderrichtlinien genau entsprechen und fristgerecht eingereicht werden. Neben den Ausstellungskosten können der Transport oder die Produktion eines Katalogs förderungswürdig sein.

R

Rahmenprogramm

Veranstaltungen während der Laufzeit einer Ausstellung, die die Präsentation der Kunstwerke ergänzen. Zu den Zielen eines Rahmenprogramms gehören die Vermittlung von Inhalten und Informationen zum Thema der Ausstellung, den Künstlern und den Werken; die Steigerung von Aufmerksamkeit und Besucherzahlen; das Schaffen von Anlässen, die Ausstellung auch nach der Vernissage zu besuchen; die Unterstützung der Vermarktung und des Verkaufs.

Damit das Rahmenprogramm wahrgenommen wird, ist eine intensive Presse- und Öffentlichkeitsarbeit erforderlich. Dies gilt vor allem dann, wenn die Ausstellung an einem Ort stattfindet, der nicht für solche Veranstaltungen bekannt ist. Bereits auf der Einladungskarte sollten die Termine und Veranstaltungen angekündigt sein – ggf. auf einem separat eingelegten Blatt. Durch eine zusätzliche Pressearbeit, Veröffentlichung der Termine in Kulturkalendern, auf der Website, auf Aushängen und in Flyern kann eine angemessene Resonanz erzeugt werden. Eine enge Zusammenarbeit mit der Tagespresse, ggf. verbunden mit der Verlosung von Eintrittskarten bei kostenpflichtigen Veranstaltungen, stärkt die Aufmerksamkeit. Ein Rahmenprogramm ist mit zusätzlichen Kosten verbunden: Honorare für Vorträge, Musiker, Bewirtung, Aufsicht und Servicepersonal, Reinigung, Hausmeister etc. müssen einkalkuliert werden und sollten in einem sinnvollen Verhältnis zu den angestrebten Zielen stehen.

Statt ein Rahmenprogramm für ein allgemeines Publikum zu gestalten, ist es alternativ möglich, spezielle Angebote für bestimmte Personengruppen zu konzipieren – etwa für die Mitglieder von

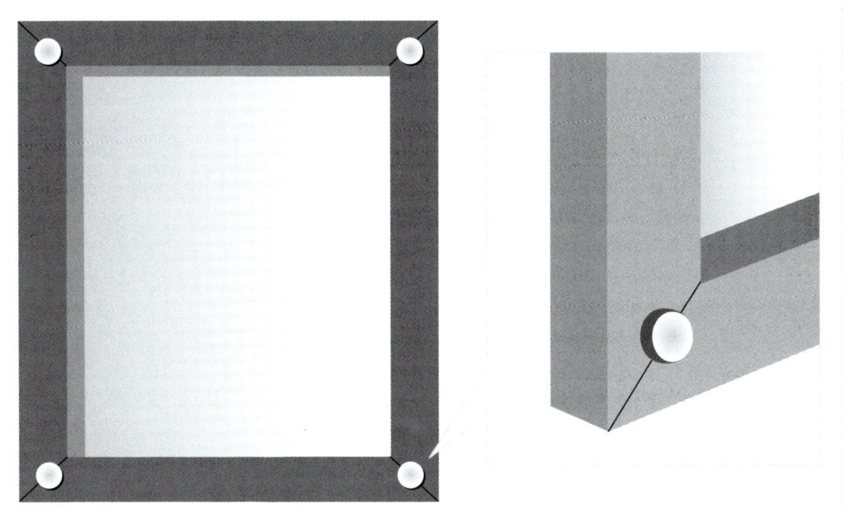

Das Anbringen von Filznoppen auf der Rückseite des Rahmens verhindert spätere Flecken auf der Wand.

Wirtschaftsverbänden, Business Clubs, Kunstkreisen etc. – und diese Veranstaltungen nur dann anzusetzen, wenn das Angebot angenommen wird.

Rahmung

Einfassung eines Gemäldes mit einem Rahmen aus Holz, Aluminium oder einem anderen festen Material. Während Arbeiten auf Papier, Grafiken und Fotografien in der Regel nicht ohne eine Rahmung auskommen, ist diese Präsentationsform bei modernen Gemälden nicht mehr durchgängig gegeben. Dennoch erfüllt die Rahmung auch hierbei verschiedene Funktionen: Sie schützt die Kanten des Kunstwerks vor Beschädigung, bei Rahmungen hinter Glas auch die Motivseite vor Schmutz, Verkratzen, Berührung etc. Bei Kunstwerken, die nicht auf einen Keilrahmen gezogen sind, ermöglicht eine Rahmung oft erst die Hängung. Sie bietet zudem eine Abgrenzung des Werks von seinem Hintergrund und lenkt – ähnlich wie ein Passepartout – den Blick des Betrachters auf das Kunstwerk. Besonders bei größeren Gemälden sorgen Rahmen für eine höhere Formstabilität, während sich Gemälde auf Keilrahmen bei Schwankungen der Luftfeuchtigkeit und der Temperaturen oft verziehen, was zu Spannungen oder Spannverlusten in der Leinwand führen kann.

Die wichtigsten Aufhängevorrichtungen für Bilder im Überblick

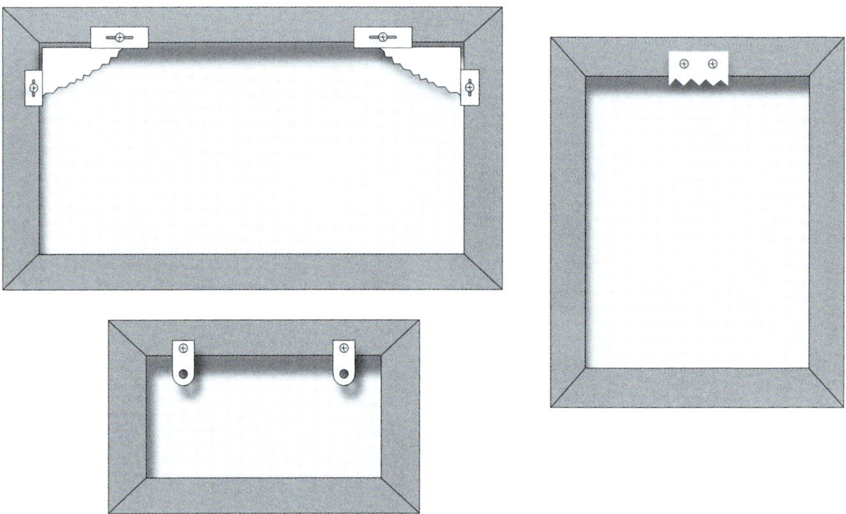

Es gibt verschiedene Ausführungen bei der Rahmung.

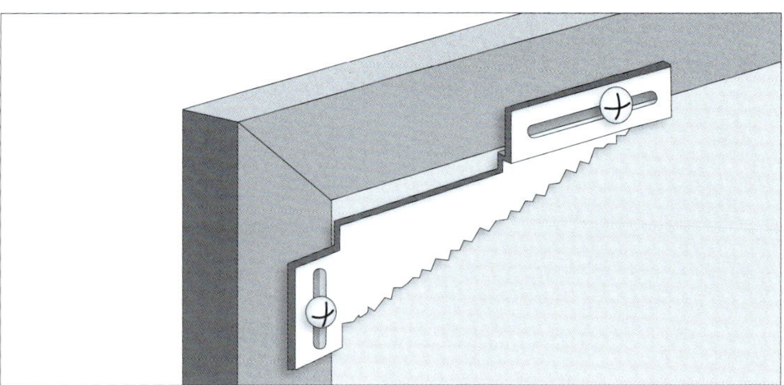

Rahmen mit einer beidseitigen Zackenaufhängung .

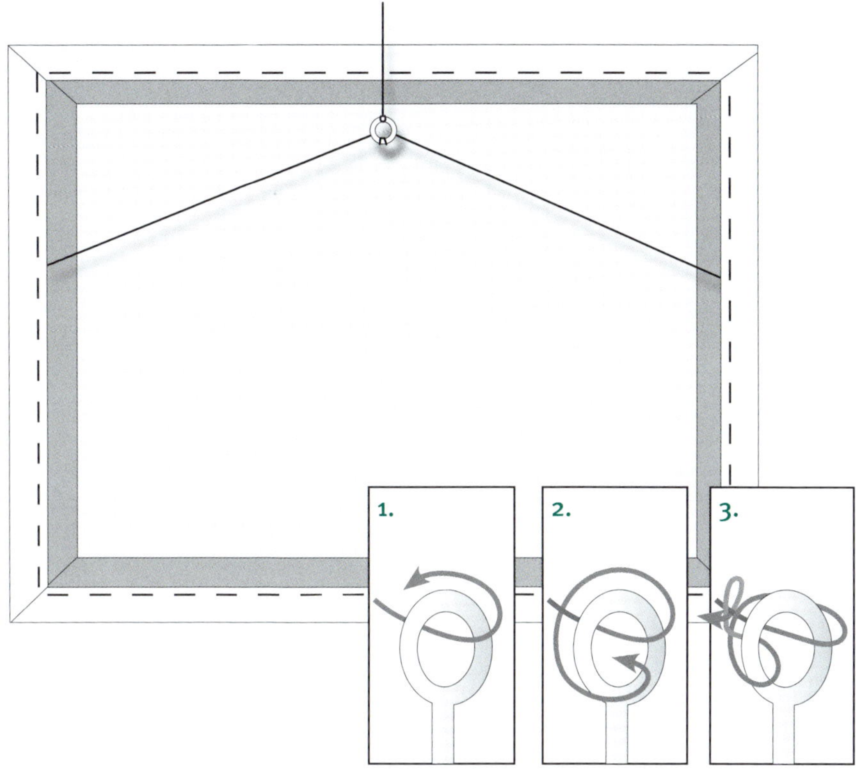

Befestigung des Seiles bei Ösenaufhängung .

TIPP

Die einfachste und schnellste Art der Rahmung mit Aufhängung bei Bildern mit geringem Gewicht ist das Spannen eines Stahlseils auf der Rückseite des Bildes – oder Keilrahmens – da so das Bild mit einer Schraube bzw. einem Nagel angebracht und justiert werden kann. Hierbei gilt es zu beachten, dass das Seil möglichst stramm und im oberen Bereich des Bildes befestigt wird, damit ein zu weites Abkippen von der Wand verhindert werden kann.

Redaktionsschluss

Termin in den Redaktionen der Medien, bis zu dem Texte, Bilder, Filme etc. für die Produktion einer Zeitung, Zeitschrift oder Sendung noch angenommen werden. Der Redaktionsschluss ist für die Pressearbeit ein entscheidender Termin. Während Tageszeitungen, Rundfunk und aktuelle TV-Nachrichtensendungen relativ kurzfristig reagieren können, planen vor allem Zeitschriften sowie TV- und Radiomagazine oder Themensendungen längerfristig. Die Spanne zwischen Redaktionsschluss und Erscheinungs- bzw. Sendetermin wird als Vorlauf bezeichnet. Er kann bis zu einem halben Jahr betragen, bei Jahresprogrammen mehr als zwölf Monate. Auch innerhalb eines Mediums bzw. einer Sendung gibt es unterschiedliche Redaktionstermine für verschiedene Inhalte. So werden Kulturkalender oft noch kurz vor dem Produktionstermin aktualisiert, während größere Beiträge einen längeren Vorlauf haben. Wer sich in den Redaktionen nach einem Redaktionsschluss erkundigen möchte, hat daher einen Vorteil, wenn er die Inhalte des Mediums kennt. So kann man gezielt nach Ansprechpartnern für die Terminseiten inklusive Redaktionsschluss fragen und nach den Personen, die für umfangreichere Berichte zuständig sind sowie nach deren Terminplanung.

Rede

Bei der Eröffnungsrede für eine Ausstellung handelt es sich um eine klassische Anlassrede, die mit der Begrüßung der Ehrengäste, des Künstlers und des Publikums zur Vernissage beginnt. Der Anlass der Rede, die Ausstellung mit ihrem Titel, wird meist bereits in diesen Begrüßungsworten genannt. Den Hauptteil der Rede bildet ein Rückblick, der beispielsweise folgende Fragen beantworten kann:

- Wie kam es zu der Ausstellung?
- Welche Idee liegt ihr zugrunde?
- Welche besondere Bedeutung hat sie für die ausgestellten Künstler bzw. für deren Vita, für den Ausstellungsorganisator oder den Ausstellungsort?
- Welche besonderen Begebenheiten gab es während der Ausstellungsvorbereitung?
- Welches sind die Schlüsselwerke in der Ausstellung und warum?

Durch ein Brainstorming können schnell Ideen zu den Punkten gesammelt werden, die das Publikum rund um die Ausstellung interessieren könnten. Sind weitere Redner für die Vernissage vorgesehen, ist eine inhaltliche Abstimmung sinnvoll, um Überschneidungen zu vermeiden.

Auf den Rückblick kann ein kleiner Ausblick in die Zukunft folgen, etwa:

- Hinweise auf zusätzliche Veranstaltungen in oder zur Ausstellung;
- Verweis auf die Laufzeit der Ausstellung, ggf. mit der Aufforderung, gerne noch einmal wieder zu kommen;
- ggf. Hinweis auf aktuell laufende oder

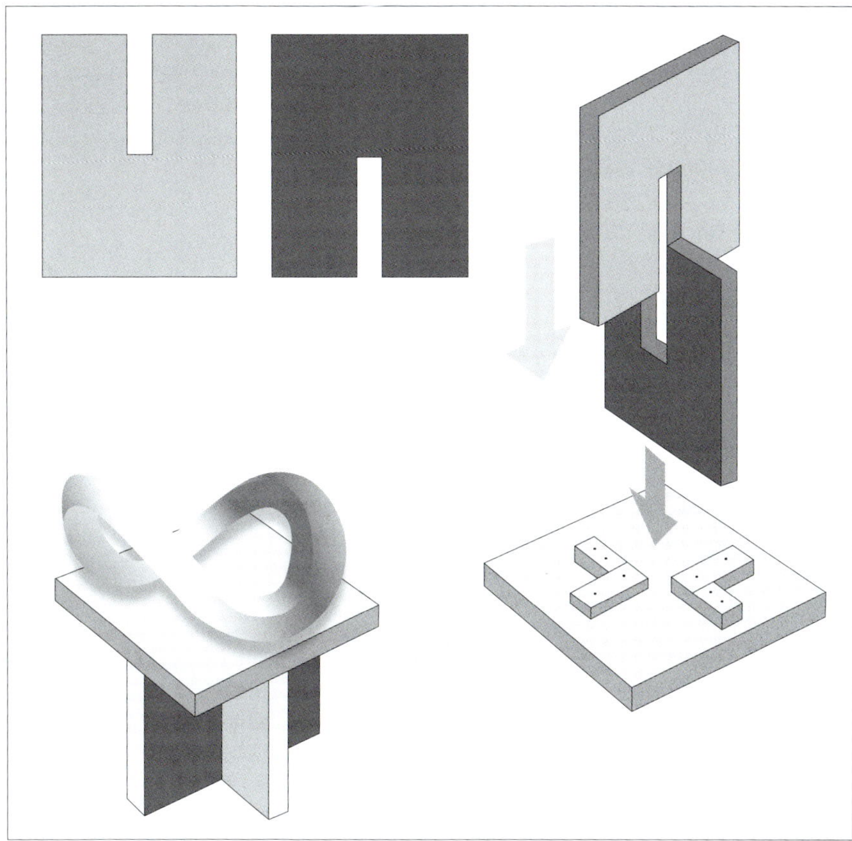

Skultpturensockel, die leicht zu transportieren sind.

TIPP

Sockel für Skulpturen nehmen in der Regel viel Platz in Anspruch – dies schafft oftmals Probleme beim Transport. Eine kostengünstige und platzsparende Variante ist das Schneiden von zwei geschlitzen Holzplatten und einer weiteren Platte, die als Träger des Objekts oben aufgesetzt wird. Alle Platten können je nach Bedarf in der passenden Farbe lackiert werden. Holzzuschnitte und Farben sind in jedem gut sortierten Baumarkt erhältlich.

- anstehende Projekte von beteiligten Künstlern, die den weiteren Erfolg versprechenden Weg vorzeichnen.

Am Ende der Anlassrede stehen der Dank an alle Helfer, Sponsoren, Förderer etc., die guten Wünsche für das Projekt und ein Prost auf die Eröffnung.

Wird nach der Einstiegsrede das Wort an einen weiteren Redner übergeben, der sich näher mit der künstlerischen Aussage der Ausstellung beschäftigt, so wird der Schluss der Anlassrede ausgespart und am Ende des Eröffnungsprogramms angefügt.

Für einen sicheren Vortrag ist es sinnvoll, ein Stichwortkonzept zu erstellen. In der Praxis haben sich Notizen auf DIN A5-Blättern im Querformat als gut handhabbar erwiesen. Die Schrift sollte ausreichend groß sein, damit die Stichworte schnell erfasst werden können. Gehalten werden die Notizen von Rechtshändern in der linken Hand, um die andere für Gesten frei zu haben; bei Linkshändern ist es umgekehrt.

Wird die Rede ausformuliert, sollte sie mehrfach laut Probe gelesen werden. Dabei fallen meist die Stellen auf, die nicht dem gewöhnlichen Redefluss ent-

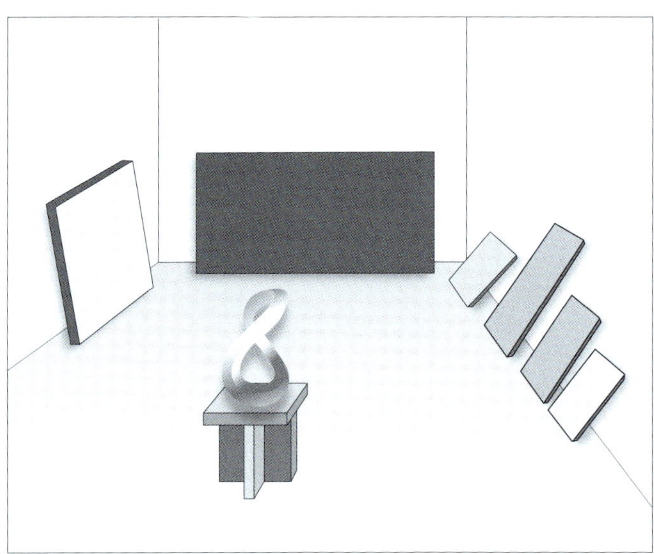

Bilder werden bei einer Stellprobe an der Stelle an die Wand gelehnt, wo sie später hängen sollen. So kann man eine optimale Verteilung im Raum gewährleisten.

sprechen. Es lohnt sich, solche Stellen zu glätten. Ausformulierte Reden sollten in die Pressemappe aufgenommen werden, ggf. mit dem Hinweis, dass das gesprochene Wort gilt.

Retrospektive

Ausstellung, die einen Rückblick auf das Lebenswerk oder zumindest eine lange Schaffenszeit eines Künstlers gibt.

S

Sockel

Unterbau für die Präsentation von Skulpturen und Plastiken, die nicht direkt auf dem Boden platziert werden können. Da fest montierte Sockel bei einem Transport sehr viel Platz einnehmen, kann es gerade bei wechselnden Ausstellungsorten sinnvoll sein, ein Stecksystem zu verwenden. Dies lässt sich relativ einfach selbst herstellen (vgl. Skizze), wenn man sich die Teile direkt beim Holzkauf zuschneiden lässt. Die Sockelteile können schwarz angestrichen werden, um optisch unauffällig zu sein. Edler wirkt es, wenn ein schwarzes Tuch darüber gehängt wird.

Stellprobe

Vorläufige Positionierung der Werke in einer Ausstellungssituation ohne Montage. Bilder werden bei einer Stellprobe an der Stelle an die Wand gelehnt, wo sie später hängen sollen. So kann die Wirkung von Werken und ihre gegenseitige Beeinflussung ohne großen Aufwand geprüft und verändert werden (Ausstellungsaufbau).

Sponsoring

Unterstützung von Personen, Organisationen oder Veranstaltungen durch Geld, Sach- oder Dienstleistungen, wobei der Sponsor eine gleichwertige Gegenleistung zugunsten seines Marketings, Images, Innen- und Außenauftritts erwartet. Die Vereinbarung einer Gegenleistung grenzt Sponsoring von einer Spende ab. Im Vergleich zur klassischen Werbung zielt Sponsoring verstärkt auf einen Imagegewinn ab, indem etwa das Engagement für ein kulturelles Ereignis nach außen dargestellt und mit dem Firmennamen oder einem Produkt in Verbindung gebracht wird. Ziel eines Sponsors ist es zudem, Menschen in einem anderen als dem klassischen Werbeumfeld zu erreichen und dadurch deren Aufmerksamkeit zu gewinnen. Durch Sponsoring kann die Verbundenheit mit einer Region, deren Kultur und Menschen ausgedrückt werden. Für den Sponsor-Nehmer ist es wichtig, in diesem Vertragsverhältnis eine angemessene Gegenleistung anbieten und öffentlichkeitswirksam realisieren zu können. Im Kulturbereich reagiert das Publikum oft besonders sensibel auf ein Sponsoring durch Unternehmen, die mit ihren Produkten, Dienstleistungen oder ihren unternehmerischen Entscheidungen in die Kritik geraten sind.

Stellwände

Mobile Wandelemente, die je nach Bedarf in eine Ausstellung integriert werden können. Mit ihnen kann die Ausstellung erweitert und gegliedert werden. Insbesondere bei großen Räumen, großen Fensterflächen oder kleinen Nischen erschließen Stellwände zusätzliche Gestaltungs- und Präsentationsmöglichkeiten. Stellwände ermöglichen es auch, Räume zu nutzen, die nicht über Hängesysteme verfügen und wo keine Aufhängesysteme angebracht werden können – etwa in Kirchen, historischen Gebäuden, temporären Ausstellungszelten usw. Mit Spanplatten, die tapeziert und gestrichen werden, können Stellwände selbst gebaut werden. Dabei ist darauf zu achten, dass die Aufsteller nicht zu Stolperfallen für das Publikum werden, die Stellwände aber gleichzeitig standsicher sind. Möglich ist dies beispielsweise durch die Verbindung mehrerer Platten, die im Winkel zueinander angeordnet werden und sich so gegenseitig stützen. Der Fachhandel für Ausstellungstechnik und Messebau verfügt über unterschiedlichste Stellwände, die auch ausgeliehen werden können – Aufbau auf Wunsch inklusive.

T

Themenausstellung

Präsentation von Kunstwerken eines oder mehrerer Künstler zu einem Thema. Die Ausrichtung kann sich aus dem Schaffen der Künstler, aufgrund einer gezielten Ausschreibung, durch die Auswahl einer Zeitspanne, durch äußere Ereignisse oder den Zeitgeist ergeben.

Verkaufsausstellung

Ziel der Ausstellung ist der Verkauf von Werken. Die Art der Ausstellung kann dabei frei gewählt werden (Gruppen- oder Einzelausstellung, Themenausstellung, Hommage, Retrospektive). Entscheidend ist, dass die Mehrheit der Werke käuflich ist und dies dem Publikum entsprechend vermittelt wird. Ergibt sich nicht automatisch aus dem Ort (z.B. einer Galerie), dass es sich um eine Verkaufsausstellung handelt, sollte auf die Möglichkeit des Kunstkaufs hingewiesen werden. Dies kann – wie in vielen Galerien – durch die Auslage einer Preisliste zu den durchnummerierten Werken erfolgen.

Verkäufe

Das Ziel vieler Kunstausstellungen ist der Verkauf von Werken. Üblich ist es, verkaufte Werke mit einem roten Punkt zu kennzeichnen, reservierte Arbeiten können mit einem halben Punkt oder einem Punkt in anderer Farbe markiert werden. Es empfiehlt sich, den Verkauf eines Werkes selbst im Trubel der Vernissage mit einem vorbereiteten schriftlichen Kaufvertrag abzusichern. Hierzu sollten geschulte Mitarbeiter zur Verfügung stehen. Neben dem Namen und der Anschrift des Käufers samt Telefonnummer, der genauen Bezeichnung des Werkes und dem Kaufpreis sollten die Zahlungsmodalitäten sowie der Abholzeitpunkt schriftlich festgehalten werden. Vor allem bei persönlich nicht bekannten Käufern empfiehlt es sich, um eine Anzahlung zu bitten und diese zu quittieren. Der Käufer erhält ebenfalls eine Ausfertigung des unterschriebenen Kaufvertrags. Meist bleiben verkaufte Werke bis zum Ende der Laufzeit in einer Ausstellung. Sind adäquate Werke auf Lager, kann auch direkt aus der Ausstellung heraus verkauft werden, wobei das Ab- und Umhängen während einer Vernissage unüblich ist. Wird ein Werk verkauft und ausgetauscht, sollte auch die Beschriftung bzw. die Ausstellungsliste umgehend aktualisiert werden.

Vernissage

Eröffnungsfeier einer Ausstellung. Der Begriff leitet sich von dem Französischen „le vernis" (der Firniss) ab. Mit dem Auftragen des Firniss war der Malvorgang abgeschlossen, was im engeren Freundes- und Bekanntenkreis gefeiert wurde. Im Laufe der Zeit wurde die Vernissage zum Begriff für die Ausstellungseröffnung. Wenn heute oft von einer Übersättigung des Kunstpublikums gesprochen wird, lohnt sich dieser Blick zurück: Für jeden Künstler ist es ein entscheidender Augenblick, wenn er ein Werk als abgeschlossen betrachtet und der Öffentlichkeit erstmals vorstellt. Diese Premierenfunktion der Vernissage unterstreicht ein festlicher Rahmen mit Reden, Musik, einem Sektumtrunk und vielen Gesprächen.

Versicherung

Bei Ausstellungen die Absicherung gegen Risiken durch einen Vertragsschluss mit einem Versicherungsunternehmen. Zu den wichtigsten Risiken einer Ausstellung zählen Beschädigungen von Werken während des Transports und der Präsentation, Diebstahl, Feuer- und Wasserschäden. Der Veranstalter sollte nicht nur über eine entsprechende Sachversicherung, sondern auch über eine Haftpflichtversicherung verfügen. Außerdem kann in einem Informationsgespräch geklärt werden, ob eine Absicherung bei Personenschäden, etwa bei Verletzungen von Hilfspersonal oder von Besuchern, gegeben ist. Viele Versicherer bieten Kunstversicherungen an, jedoch nur ein Teil hat sich auf dieses Gebiet spezialisiert und verfügt über entsprechende Fachabteilungen. Für den Versicherungsnehmer ist es wichtig, sich genau über die Versicherungsbedingungen zu informieren und Vorgaben – etwa zur Transportverpackung, zu Umwegen auf dem Transport oder zur Bewachung der Ausstellung – zu beachten, um im Schadensfall nicht den Versicherungsschutz zu verlieren. So sind Werke, die im Freien aufgestellt werden, vielfach von der Versicherung ausgeschlossen, sofern keine spezielle Vereinbarung getroffen wird. Auch für einen Zwischenstopp beim Fotografen sollte der Versicherungsschutz geprüft werden. Für kleine Arbeiten wird häufig die Auflage gemacht, dass sie nur in Vitrinen präsentiert werden dürfen. Der Vergleich verschiedener Angebote schärft den Blick für Problemfelder und Lücken.

Vitrinen

Glasschränke zur Präsentation kostbarer, empfindlicher oder kleinteiliger Exponate. Als geschlossene kleine Räume innerhalb der Ausstellung schützen Vitrinen die Exponate vor Staub, Berührung, Diebstahl und Beschädigung. Sie ermöglichen es zum Teil, dass kleine Objekte überhaupt ausstellbar sind. Für eine attraktive Präsentation sollte eine Vitrine beleuchtet werden, wobei die Wärmeentwicklung nicht unterschätzt werden darf: Selbst bei einer Beleuchtung von außen kann es in der Vitrine sehr warm werden. Der Fachhandel gibt Tipps zu Beleuchtungssystemen, die für den Shop- und Ausstellungsbau geeignet sind und immer weiter verbessert werden.

Website

Präsentation von Informationen und Angeboten im Internet. Im Kunstbereich können eigenständige Websites zu einzelnen Ausstellungen, zu Ausstellungsräumen, Künstlern, Galerien etc. eingerichtet werden. Die Website ist eine weltweit abrufbare Form der Kommunikation, Öffentlichkeitsarbeit und Werbung. Jede Website verfügt über eine eigene, einmalige Adresse, der sogenannten Domain. Wer eine Website einrichten oder in Auftrag geben möchte, sollte darauf achten, dass die aktuellen gesetzlichen Bestimmungen erfüllt sind, da sich hier die Rechtsprechung kontinuierlich weiterentwickelt und im Netz bei Missachten der Regeln mit Abmahnungen gerechnet werden muss – etwa beim Fehlen eines korrekten Impressums. Wichtig ist es zudem, ausschließlich Text- und Bildmaterial zu verwenden, an dem man die Rechte zur Nutzung im Internet (erworben) hat. Zu den Vorteilen einer Website gehört es, dass relativ viele Informationen ständig verfügbar gehalten werden können, die überall abrufbar und kurzfristig aktualisierbar sind. Im Kunstbereich werden Websites daher oft ergänzend zu anderen Werbemitteln wie Flyern, Einladungen, Plakaten etc. genutzt.

Ein wesentlicher Faktor für den Erfolg einer Website ist die Kommunikation der Adresse – sie sollte in allen übrigen Kommunikationsmedien von der Werbung bis hin zum Briefkopf, in E-Mails und auf Visitenkarten stets kommuniziert werden. Die Preise für die Gestaltung von Web-sites beginnen unter 1.000 Euro, sind jedoch nach oben offen. Faktoren für die Kalkulation sind vor allem der Umfang der Website (Anzahl der aufzurufenden Seiten), die Programmierung, der Konzeptionsaufwand und das vom Auftraggeber gelieferte Material. Relativ günstige Lösungen bieten Agenturen an, die sich auf kleinere Unternehmen spezialisiert und Musterseiten entwickelt haben, die mit wenig Programmieraufwand meist nur inhaltlich an die Bedürfnisse der Auftraggeber angepasst werden müssen. Neben dem individuellen Programmieren von Websites gibt es WordPress, bei dem es unzählige Layoutvorlagen, sogenannte Themes, kostengünstig oder oftmals kostenlos gibt. Bei WordPress handelt es sich um eine frei verfügbare Software die unter einer Open-Source-Lizenz steht. Ursprünglich für die Veröffentlichung von Blogs konzipiert, kann man umfangreiche Websites mit vielen Funktionen erstellen und dank eines Content Management Systems unkompliziert mit Texten, Bildern und Videos füllen. Wer sich ein bisschen im WWW auskennt, findet sich schnell mit WordPress zurecht und kann in kürzester Zeit seine eigene Website bauen und regelmäßig ergänzen und aktualisieren – ganz ohne weitere Unterstützung.

Neben den Kosten für die einmalige Programmierung der Website sollte bereits bei der Angebotsanfrage geklärt werden, wie die Seiten später gepflegt und aktualisiert werden können.

Grundsätzlich unterscheidet man hier zwischen Seiten mit einem so genannten Content Management System (CMS), das es dem Auftraggeber ermöglicht, selbst Aktualisierungen vorzunehmen, und dem Service, auch alle künftigen Änderungen durch die Webagentur ausführen zu lassen. Für beide Modelle sollten die Kosten eingeholt werden inklusive eventuell erforderlicher Schulungskosten, wenn die Website selbst gepflegt werden soll. Hilfen und Anregungen für die Erstellung des Konzeptes für einen Webauftritt liefert das Internet selbst. Es lohnt sich, viele Seiten von Mitbewerbern anzusehen, um sowohl einen Eindruck von den Gestaltungsmöglichkeiten als auch von den möglichen Inhalten zu erhalten. Es ist sinnvoll, das Design der Website dem übrigen Erscheinungsbild anzupassen, sofern es hier bereits eine klare Linie gibt. Ansonsten kann die Gestaltung der Website ein Anlass sein, den gesamten Außenauftritt inklusive Briefpapier, Visitenkarten, Logo etc. neu zu überdenken, um den Wiedererkennungseffekt zu nutzen (Corporate Design).

Z

Zielgruppe

Personen, Institutionen, Unternehmen etc., die durch eine Aktion oder eine Veranstaltung erreicht werden sollen. Um ein gutes Ergebnis einer Ausstellung zu erreichen, ist es sinnvoll, frühzeitig unterschiedliche Ziele und die dafür interessanten Gruppen zu definieren und entsprechendes Adressmaterial zu recherchieren bzw. Vermittler einzuschalten.

art advice

Das Portal für den Kunstmarkt

Auf dem Portal finden Sie wertvolle Informationen über Angebote und Dienstleistungen im Bereich der Bildenden Kunst. art advice liefert News und Facts vom Kunstmarkt für Künstler, Galeristen, Kunsthändler, Museen, Kunstförderer und vieles mehr. Ständig aktualisierte Links und Adressen informieren Sie über interessante Portale und Sites im Web.

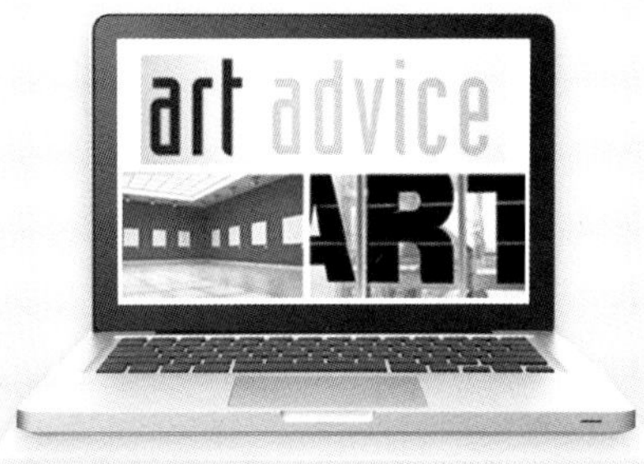

www.artadvice.info

Der Erfolg ist nur einen Gedanken entfernt

Insider-Wissen und Ratgeber für den Kunstmarkt

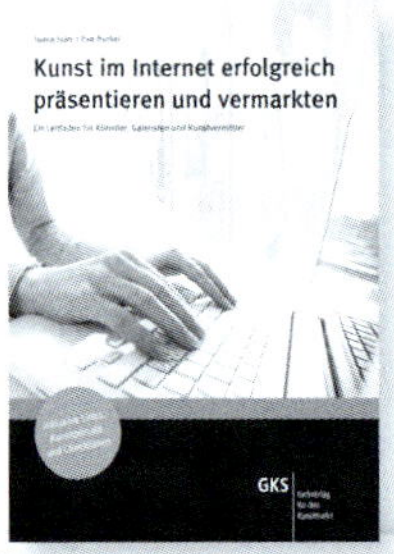

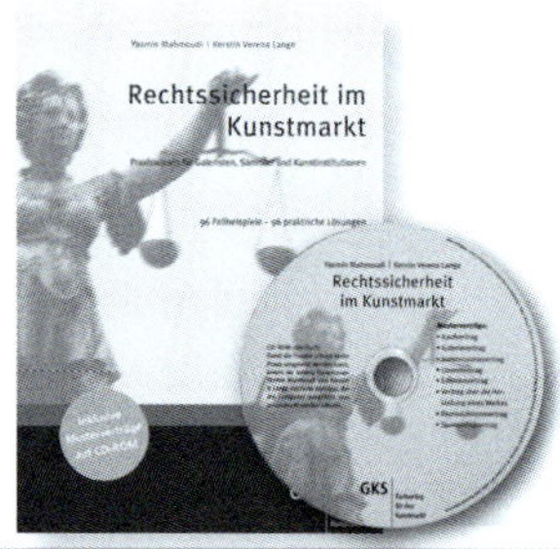

Kunst im Internet erfolgreich präsentieren und vermarkten
Ein Leitfaden für Künstler, Galeristen und Kunstvermittler mit To Do-Leitfäden, Checklisten und Links, 212 Seiten
24,80 Euro

Rechtssicherheit im Kunstmarkt
Praxiswissen für Galeristen, Unternehmen, Sammler und Kunstinstitutionen, 216 Seiten plus CD-ROM mit zahlreichen Musterverträgen
29,80 Euro

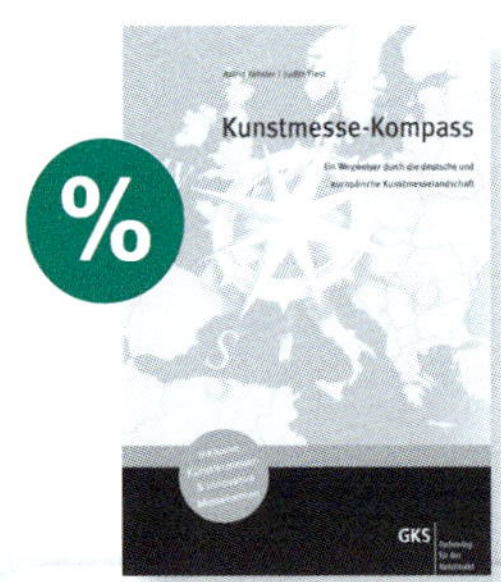

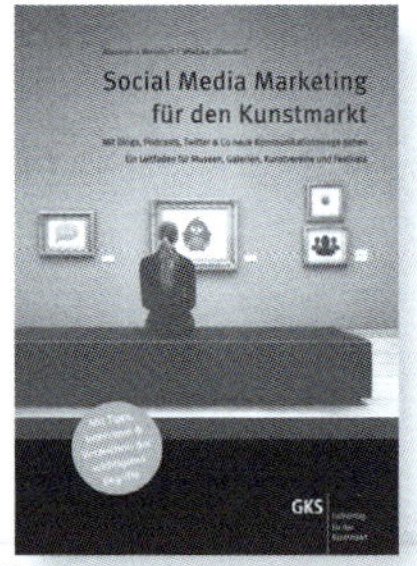

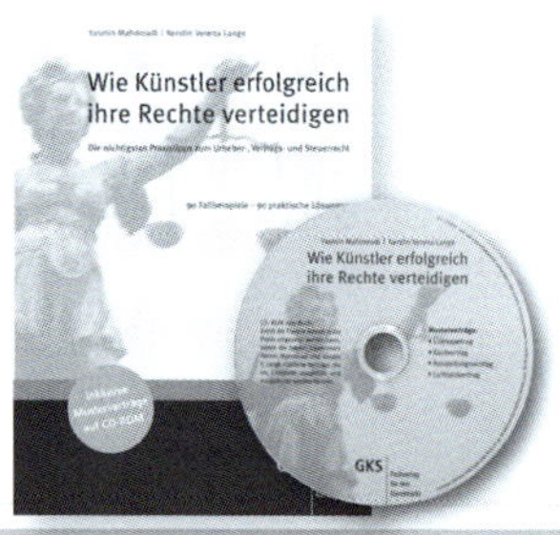

Kunstmesse-Kompass
Ein Wegweiser durch die deutsche und europäische Kunstmesselandschaft. Viele hilfreiche Infos für Aussteller, Künstler und Besucher, 188 Seiten plus Übersicht der Messen
statt ~~19,80~~ Euro 9,80 Euro

Social Media Marketing für den Kunstmarkt
Mit Blogs, Podcasts, Twitter & Co neue Kommunikationswege gehen und damit neue Kunden und Besucher gewinnen, 104 Seiten
24,80 Euro

Wie Künstler erfolgreich ihre Rechte verteidigen
Die wichtigsten Praxistipps zu Urheber-, Vertrags- und Steuerrecht, 158 Seiten plus CD-ROM mit den wichtigsten Musterverträgen
24,80 Euro

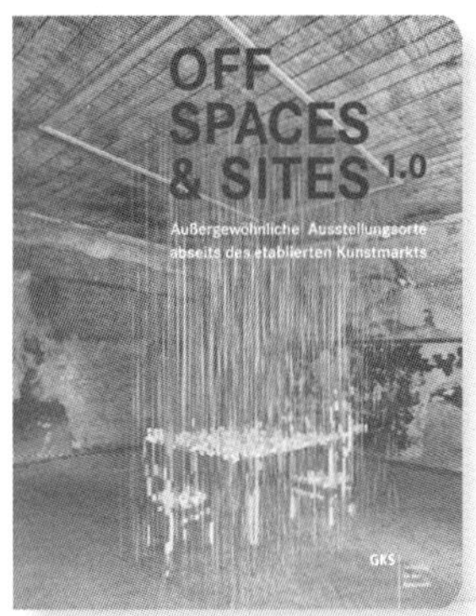

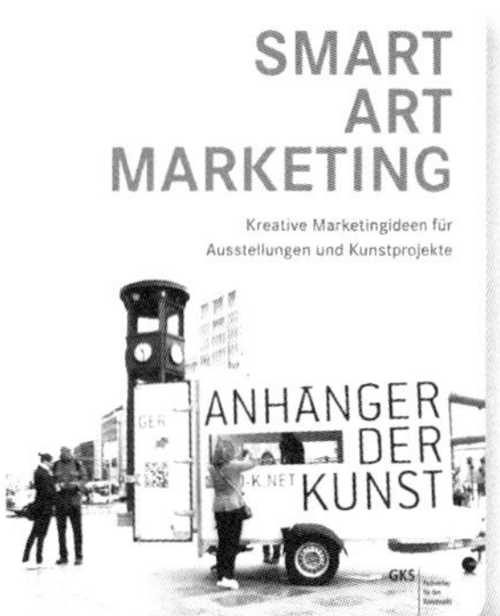

Off Spaces & Sites
Außergewöhnliche Ausstellungsorte abseits des etablierten Kunstmarktes – zur Nachahmung empfohlen! Ein Musthave für Künstler und Ausstellungsmacher. Zweisprachig: deutsch/englisch, 144 Seiten
29,80 Euro

Smart Art Marketing
Gute Kunst wird durch kreatives Marketing noch erfolgreicher und spannender präsentiert. Hierbei ist besonders faszinierend, wie überlegen die Qualität der Idee gegenüber der Quantität des Geldes ist. Zweisprachig: deutsch/englisch, 144 Seiten
29,80 Euro

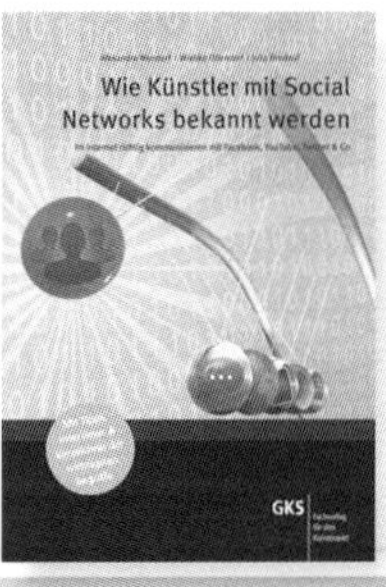

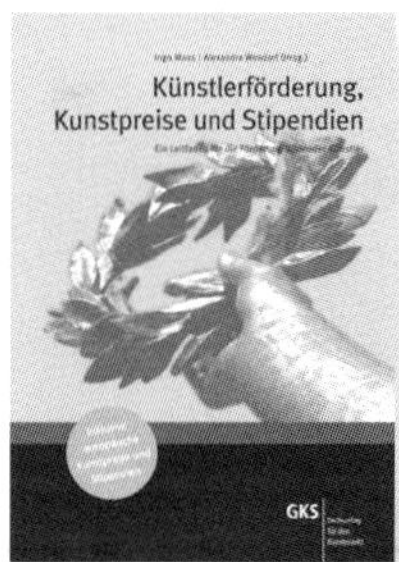

Wie Künstler mit Social Networks bekannt werden
Im Internet richtig kommunizieren mit Facebook, YouTube, Twitter & Co neue Wege für die erfolgreiche Selbstvermarktung, 104 Seiten
24,80 Euro

Künstlerförderung, Kunstpreise und Stipendien
Ein Leitfaden durch die deutsche Förderung Bildender Künstler, über 130 Kunstpreise und Stipendien zur Eigenbewerbung, Europäische Förderprogramme, 316 Seiten
19,80 Euro

Weitere Informationen zu den Ratgebern erhalten Sie auf der Website: **www.gks-kunstsponsoring.de**

Ausstellungs-Planung leicht gemacht

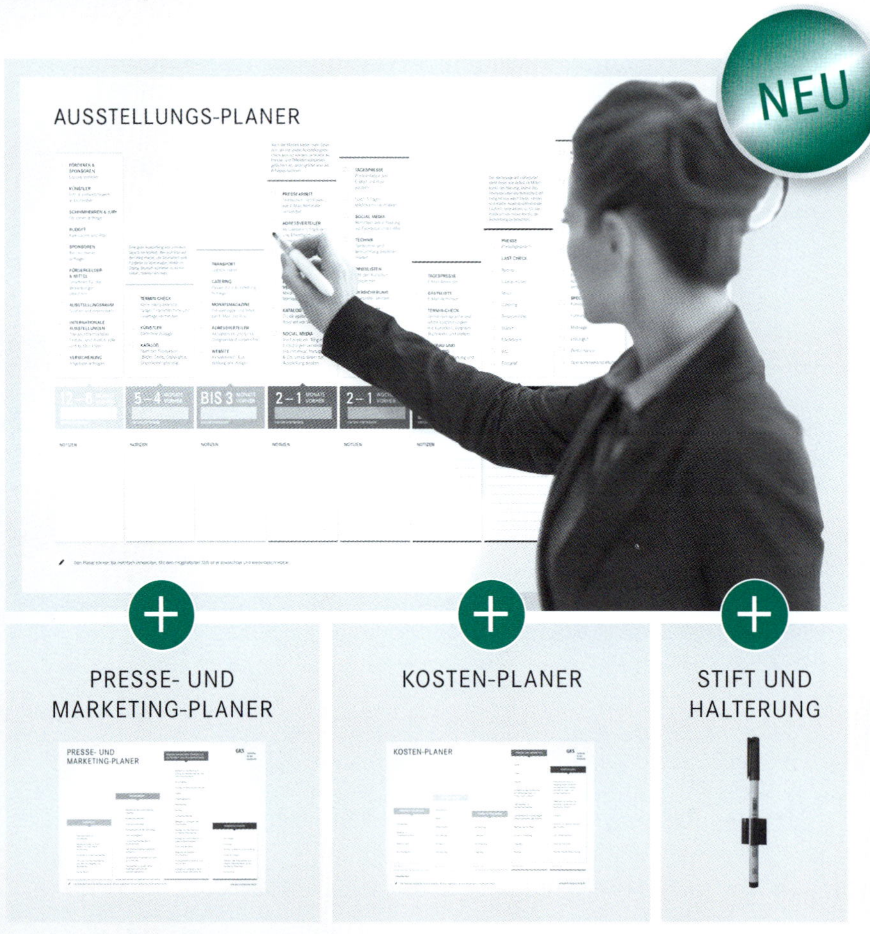

Erfahrene Ausstellungsmacher haben dieses praktische, mehrteilige Planungspaket entwickelt. Übersichtlich und mehrfach verwendbar sind alle wichtigen Themen berücksichtigt (u.a. Logistik, Presse, Marketing, Kosten, Rahmenprogramm).

Eine Ausstellung zu planen ist eine komplexe Aufgabe. Erst durch eine klare Aufteilung in Einzelschritte wird ein Projekt überschaubar. Darin liegt der große Nutzen des Ausstellungsplaners: Er gibt der gesamten Organisation einen sinnvollen Ablauf.

Das Ausstellungs-Planungspaket besteht aus:

- Großer Wandplaner in DIN A1 (wiederbeschriftbar)
- PR- und Marketing-Planer
- Kosten-Planer
- Stift inkl. Haltung
- Powerstrips zum Aufhängen

29,80 Euro

Kunstverkaufsmappe im handlichen Pocket-Format

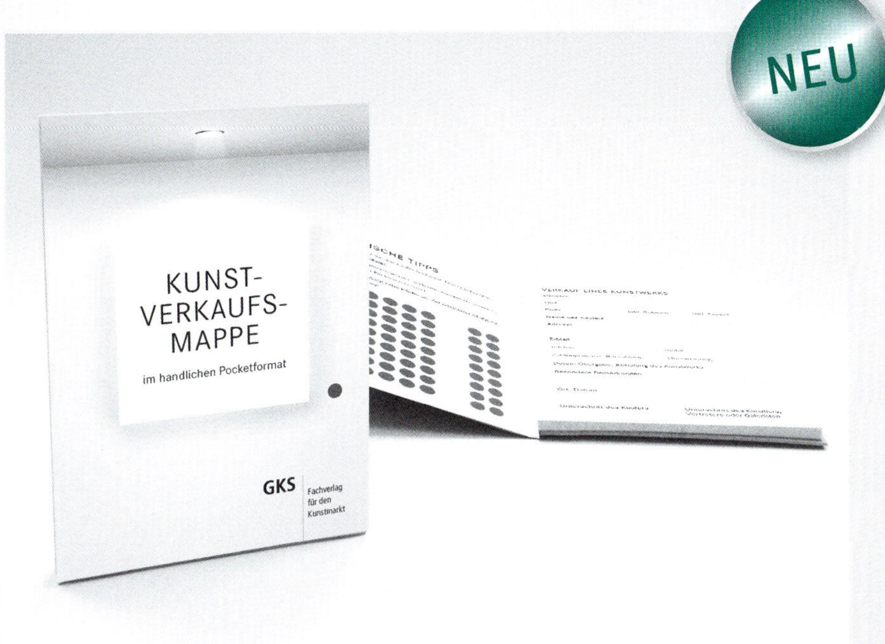

Die neue Mappe im handlichen Pocket-Format ist die praktische Hilfe für den erfolgreichen Kunstverkauf.

Sie ist für die Handhabung bei Ausstellungen konzipiert, um getroffene Vereinbarungen für Käufer und Verkäufer schnell und unkompliziert festzuhalten.

Sie enthält auch praktische Tipps für die Handhabung.

Die Kunstverkaufs-Mappe enthält:

- 30 Vordrucke und Durchschläge für den Kunstverkauf
- Rote Klebepunkte (Verkauf)
- Grüne Klebepunkte (Reservierung)

12,80 Euro

Weitere Informationen erhalten Sie auf der Website: **www.gks-kunstsponsoring.de**

Herausgeber:
GKS-Fachverlag
Gesellschaft für Kunstförderung und Sponsoring GmbH
Hauptstr. 25
53604 Bad Honnef
Telefon: 0 22 24/98 19 92 | Telefax: 0 22 24/98 19 93

www.gks-kunstsponsoring.de | info@gks-kunstsponsoring.de

Verantwortlich:
Ingo Maas, Geschäftsführung

Autoren:
Ingo Maas | Astrid Kehsler

Illustrationen:
Ralf Butschkow

Fotos:
Titelseite © blurAZ - Shutterstock.com; S.13 & S. 126 © Alliance - Shutterstock.com; S. 19 © conejota - Shutterstock.com; S. 24 © Syda Productions - Shutterstock.com; S. 28 © Kotomiti Okuma - Shutterstock.com; S. 43 © Mitrija - Shutterstock.com; S. 48 © Maya Claussen / Nike Seifert S. 61 © bikeriderlondon - Shutterstock.com; S. 64 © Adriano Castelli - Shutterstock.com; S. 123 © avian - Fotolia.com; S. 123 © Okea - Fotolia.com; S. 124/125 © frank peters - Fotolia.com

ISBN 978-3-9808298-5-4

Bibliografische Information der Deutschen Bibliothek
Die Deutsche Bibliothek verzeichnet die Publikation in der Deutschen Nationalbibliografie; detaillierte bibliografische Daten sind im Internet über http:dnd.ddb.de abrufbar.

© GKS Gesellschaft für Kunstförderung und Sponsoring mbH
Dieses Werk ist urheberrechtlich geschützt. Alle Rechte sind vorbehalten, auch die des Nachdrucks von Auszügen, der fotomechanischen Wiedergabe, der Übersetzung sowie der Einspeisung in und Verbreitung über Datenbanken – auch für Zwecke der Unterrichtsgestaltung. Eine Vervielfältigung dieses Werks oder von Teilen dieses Werks ist im Einzelfall nur in den engen Grenzen der gesetzlichen Bestimmungen des Urheberrechtsgesetzes zulässig.

Herausgeber:
GKS-Fachverlag
Gesellschaft für Kunstförderung und Sponsoring GmbH
Hauptstr. 25
53604 Bad Honnef
Telefon: 0 22 24/98 19 92 | Telefax: 0 22 24/98 19 93

www.gks-kunstsponsoring.de | info@gks-kunstsponsoring.de

Verantwortlich:
Ingo Maas, Geschäftsführung

Autoren:
Ingo Maas | Astrid Kehsler

Illustrationen:
Ralf Butschkow

Fotos:
Titelseite © blurAZ - Shutterstock.com; S.13 & S. 126 © Alliance - Shutterstock.com;
S. 19 © conejota - Shutterstock.com; S. 24 © Syda Productions - Shutterstock.com;
S. 28 © Kotomiti Okuma - Shutterstock.com; S. 43 © Mitrija - Shutterstock.com;
S. 48 © Maya Claussen / Nike Seifert; S. 61 © bikeriderlondon - Shutterstock.com;
S. 64 © Adriano Castelli - Shutterstock.com; S. 123 © avian - Fotolia.com;
S. 123 © Okea - Fotolia.com; S. 124/125 © frank peters - Fotolia.com

ISBN 978-3-9808298-5-4

Bibliografische Information der Deutschen Bibliothek
Die Deutsche Bibliothek verzeichnet die Publikation in der Deutschen Nationalbibliografie; detaillierte bibliografische Daten sind im Internet über http:dnd.ddb.de abrufbar.

© GKS Gesellschaft für Kunstförderung und Sponsoring mbH
Dieses Werk ist urheberrechtlich geschützt. Alle Rechte sind vorbehalten, auch die des Nachdrucks von Auszügen, der fotomechanischen Wiedergabe, der Übersetzung sowie der Einspeisung in und Verbreitung über Datenbanken – auch für Zwecke der Unterrichtsgestaltung. Eine Vervielfältigung dieses Werks oder von Teilen dieses Werks ist im Einzelfall nur in den engen Grenzen der gesetzlichen Bestimmungen des Urheberrechtsgesetzes zulässig.